艾平 著

无所谓，无所畏

陆小曼传

中国华侨出版社

北京

　　一花一世界，一叶一菩提。每个女人都是一朵美丽的花，有的绽放得羞涩，有的绽放得热烈。她是那一朵妩媚妖娆的花。她太美，美得极致、优雅；她太好，好到让这个老旧的时代也为之叹惋。她是一个灵魂有香气的民国暖女子，有着柔软而优雅的名字：陆小曼。

　　陆小曼出身名门，生于繁华的上海滩，长于古老的北京城。她娇艳美丽，多才多艺，娴熟两门外语，写得一手刚劲秀丽的毛笔字，擅长京剧昆曲，在文学、绘画等方面深有造诣，仿佛是命运错手缔造的完美。她一生的恋情惊世骇俗，但最终洗尽铅华，素衣半生。

　　她曾经纵横穿梭于民国世界的交际场，得到无数名门公子、达官显贵的青睐。她在年华正好时嫁与青年才俊王赓。他为她修筑稳固坚定的城墙，为她挡雨遮风，却成了一座囚禁她灵魂的牢笼。她是一株明艳的花，需要无顾忌地绽放。在失意寡欢时，她遇见了风流多情的徐志摩。他们不惧世俗流言蜚语，许下誓死相依的诺言。他为她拼尽一切，只为换她一颦一笑；她为他红颜尽欢，挚爱一生。哪怕是陪伴半生、关怀备至的翁瑞午，也不曾得到她的爱情。

她曾鲜花着锦，倾倒众生，有过"南唐北陆"的响亮声誉。但又落叶飘零，凄凉寂寥。于世人眼中，她不过是一个经年同鸦片厮守的烟鬼。她得到过万千恩宠与宠爱，也遭受过无数谩骂和指责。无论是爱是怨，她皆一般心肠，不附和，也不回避，安然做她自己。岁月给过她诸多恩宠，后又无情夺回。徐志摩丧生之后，她闭门谢客，与画为伴，素衣清颜，无意悲喜，任自浮沉。

陆小曼的一生离不开的是情。她任性妄为，傲慢骄纵，又清白简单，不改初心。于生活，她我行我素，放纵形骸；于人情，她有始有终，至情至性。

她的美貌，胡适赞为"北京城一道不可不看的风景"；她的才华，傅抱石评说"堪称东方才女"。本书用细腻多情的笔调讲述了民国才女陆小曼绮丽而悲情的一生，以及与她关系最为亲密的三个男人——王赓、徐志摩和翁瑞午的情爱纠葛。凄婉的文字，很容易就把你带回到那个老唱片咿咿呀呀的年代，在繁华奢靡、歌舞升平的舞台上，看陆小曼一生的绝艳演出。

目录

CONTENTS

序：惊一抹幽香婉影 / 1

第一章 如花美眷，轻舞霓裳唤风华

繁花似锦，佳期如梦 / 6

众星捧月，万千宠爱 / 7

衣香鬓影，一晌贪欢 / 11

书香墨韵，春日芳菲 / 14

破茧成蝶，风光无限 / 17

美人花开，明艳照人 / 19

金石良缘，天作之合 / 22

第二章 一代芳华，寂寞花开开无主

桎梏婚姻，婚后哀怨 / 26

浪漫相遇，擦出火花 / 31

红袖香寒，寂寞烟云 / 34

前世之缘，魂牵梦萦 / 38

愁云惨淡，知音难寻 / 41

第三章 芳心暗许，恨不相逢未嫁时

一世情缘，一见倾心 / 46

浓情爱意，彼此心知 / 51

浪漫情怀，女儿痴情 / 58

摇摆不定，愁云惨淡 / 62

两情相悦，彼岸花开 / 67

斯人憔悴，独为一人 / 73

第四章 缘定三生，绚烂花期为君开

绝处逢生，柳暗花明 / 80

破茧成蝶，不负相思 / 86

高山流水，倾世情缘 / 93

盛世欢歌，同往锦年 / 98

才子佳人，金玉良缘 / 108

第五章 前尘尽散，不许人间见白头

北燕南飞，世外桃源 / 118

芥蒂渐生，深情何赋 / 125

月满花开，情暖一场 / 134

千年隽永，情之所钟 / 141

千疮百孔，双栖各梦 / 147

第六章 **心泪生花，人生聚散两依依**

世俗难容，美人心伤 / 156

伊人憔悴，红颜病绕 / 162

多情诗人，为稻粱谋 / 169

阴阳两隔，匆匆永诀 / 174

鸦片毒瘤，蚀人心骨 / 179

醉生梦死，形影相吊 / 183

第七章 **铅华洗尽，绝世红颜落花逝**

若你归来，挚爱一生 / 190

不离不弃，莫逆于心 / 195

丹青生涯，妙笔生花 / 200

似水年华，花落天涯 / 205

不求同生，但愿相守 / 208

后记：花开荼蘼，叶落彼岸 / 212

· 序：惊一抹幽香婉影

看一段流水落花逐春去，念一段老旧时光里的罗香梦，回不去的前尘，缱绻着万种沉香。

逆追流光，寻一抹幽香婉影，只为惊破一池梦。终遇见，那一道不可不看的风景。

她，是陆小曼。

扎根在记忆里的，始终是她转身回眸，笑靥如花，如天边散落的梨花雨，清甜忧伤。

她是一个生性聪慧、多才多艺的娇花名蕊，一个浪漫孤寂、命运坎坷的痴情种子，一个备受争议却不辩白的倔强女人……

她是与林徽因齐名的民国四大才女之一。她的才情如春水流溢于青山翠谷间，轻盈、灵动；如飞鸿划过天际的云弧，清逸、缥缈。

陆小曼是美女，更是才女，是民国社交场上的明星，亦是我国现代著名女画家。她的不寻常的人生一直被后世广泛关注，她所经历的复杂的感情生活，更是让人感慨万千，唏嘘不已。

她生于繁华荣盛的上海，染时代华丽之忧愁。既蒙天宠，天资聪慧，容颜姣好；又得尘恩，门楣富贵，双亲疼惜。

天妒红颜，一个女子，好到这般模样，犹同仙子落凡，难免人怜天恨。命运自然送她一程坎坷，让她在尘世浮转中尝尽愁苦味，凝华出别致芬芳。

徐志摩说：她一双眼睛也在说话，睛光里荡起，心泉的秘密。幽幽一语，道出她种风情。

一场盛宴，初相逢，他青衫明眸，她娇美温柔。电光石火，彼此眼中灵魂的火花在攒动。

他为人夫，她为人妇，为一次怦然心动，为让爱成永恒，辜负世间旧礼陈规，共赴一场盛世风流宴。

一段华丽的缘，亦是一场越不过的劫。

当姻缘落在生活里，纷杂人情事理，一次次打碎了最初的恩爱梦境。生活的磕绊，也让其受尽千夫指。

他人怨怒，她从不辩白。一个最爱的人，足以装满她的心。浓情爱意，他们彼此心知。

然而情深不寿，她的志摩，在某个宁静的日子里，随着那飞往北平的飞机，再未归来。

他的死，成了她永远醒不来的噩梦。纵使眼泪流干，也换不回时光。

多愁善感的陆小曼曾说："我的所作所为，志摩都看到了，志摩会了解我，不会怪罪我。"

她还说："情爱真不真，不在脸上、嘴上，而在心中。冥冥间，睡梦里，仿佛我看见、听见了志摩的认可。"

在人们阴暗的文字中一次次被鞭尸，她倔强地保持缄默直到死去，爱到深处，他人置喙，只是杂杂之言，自然入耳难入心。

　　她只是生活着自己的生活，不为外界所动，坚韧与刚强，如寒冬里的娇花，惹人怜疼。

　　世人责难，远不如她自责的痛心。一双璧人成了单影。她用后半生救赎，用回忆浸泡一颗永无愈合的心。

　　陆小曼竭尽全力为出志摩全集苦苦奋斗了 20 年。自志摩死后，她像是被抽干了精魂，素服终身，谢绝于娱乐场所和各种名人的邀请，闭门不出，卧病在床，悲观消极。

　　"肠断人琴感未消，此心久已寄云峤；年来更识荒寒味，写到湖山总寂寥。"1933 年清明，小曼回硖石为志摩扫墓题此诗。她心中荒寒寂寞，可见她对志摩的情深。唯有爱到极致，才能体会思念的苦寒。

　　可惜了天荒地老，不过是一场古今传奇梦，生离苦，死别痛。当爱难成双，就算到得了那天边海际也只能是空间情。

　　浓的爱，烈的痛，都是那般炽烈。就算这世上真有忘情水，也抹不平了。既然忘不掉，就任回忆狠狠地啃咬。陆小曼在四明村的家里，睹物伤情，万千离愁别恨向谁言，一身愁病，渺渺离魂。

　　小曼的桌上永远供着志摩的遗像，每天为他献上鲜花，以明其志。只愿那爱人慢走，待她还清今世债，好安心地与你共赴另一个世界的花间香约。

　　她的一生以鲜花铺地开始，以是非缠身为继，以凄凉寂寞告终。

　　傅抱石说：她名不虚传，堪称东方才女；虽已年近半百，风采依旧……

小曼的可贵在于她虽生于富贵，却不慕富贵。她最重的是真情。她豪爽意气，不追名逐利。她个性鲜明，真诚待人。她我行我素，自由自在，最重个体生命的自由。

娇小甜美的幽幽倩影里，住着一个自由不羁的灵魂。独树一帜芳华，受时人倾赏评品，受后人睥睨怜惜。

梁实秋曾描写她道："面目也越发清秀端庄，朱唇皓齿。婀娜娉婷，在北平的大家闺秀里，是数一数二的名姝。"

此言非虚，陆小曼的确是一个不折不扣的名媛。就算在她最潦倒之年，亦风韵犹然，兀自化作了那绝世风华里的寂寞烟云。

1965年的春天，陆小曼像风中的残烛一样走到了生命的尽头，嘴里时常说些胡话，徐志摩来接她了，她要走了，真的要走了……所有的事情交代清楚之后她默默地长眠了，在熟睡之后，在另一个世界同挚爱共赴一场鸳鸯会。

那么我们且随这佳人丽影，探寻那一段芳尘旧事，在那段民国烟雨里，同她的生命一起绽放、沉浮……

第一章

如花美眷，轻舞霓裳唤风华

繁花似锦，佳期如梦

有这样一种女子总让人又爱又恨，她是带刺的玫瑰，娇艳欲滴，不禁让人想拥入怀中。或喜或悲，只是前世今生的轮回。爱情或许是不灭的火种，上辈子便已轻轻地埋下。当她出现的时候，你就如此这般无可救药、真真切切地爱上了。你不仅爱上了她绚烂的美丽，还爱上了她夺目的锋芒。幸运的？不幸的？几世修炼，一世光阴。

佛说：前世的五百次回眸才能换来今生的擦肩而过。

难道此生只为遇见那个人？世间万事，尽是因缘际合，缘起时起，缘尽还无。挚爱只在心中，或许只有当局者才能体会。

陆小曼的芳华一生，是她与那个时代的一场华丽之缘。民国的烟雨红尘成全了她一生艳丽的传奇故事，而她幽婉的身影里又摇曳着一个时代风情，如此香韵契合，成就绝唱。

她的一生，经历过名噪一时的风光和热闹，享受过奢华富贵与万般宠爱，也饱受过诟病冷眼，寂寞孤苦。甚至归尘而去时，她的葬礼也显得极度冷清。

人生的大喜大悲，大苦大乐，她都经历了。缘起缘灭，当一切随风逝去，当年华易转，世事流变，她依旧是一个惊艳的传奇。

走不回旧时风景，只盼能在书香好梦里瞥见你半分笑靥……

众星捧月，万千宠爱

上海这座华丽的城市，拥有着千年不变的辉煌，万世隽永的奢华。这个城市见证了太多悲欢离合，成就了太多传奇佳话。有理的、无奈的，都在这里停留不愿离去。就在这样的城市里，红叶遍地的秋天诞生了才华横溢、冰雪聪明、桀骜不驯的她。

生活偏爱这样的女子，充满诱惑与忧伤的大门，已经为她敞开。命运之轮展开了神秘的画卷，等待着这样的佳人儿画上动人的色彩……

她，是名门闺秀，父母挚爱的明珠。

她，一枝独秀。显赫的家族，疼爱她的父母，成就了她与生俱来的优越感。优雅平静的古村落，陆家祠堂屹立在那里。时局动荡，人心飘忽。乱世出英雄，陆家是银行金融界屈指可数的家族。小曼的父亲陆定是清末举人，与曹汝霖、袁观澜、穆湘瑶等民国名流为同班同学，留日归来自是前途光明。往来军政要员，出入上流社会。

江南烟雨蒙蒙，断桥天涯恰似人间天堂。知书达理、才华横溢的吴曼华，是小曼敬爱的母亲，又是一代名媛淑女。江南出美女，吴曼华未出阁时已是无人不知的才女。温柔贤惠是名门闺秀的标志，而她将这种美德发挥到了极致。

一夜清风，半度相思，江南风雨几多愁。这样的女子总是让人难以忘怀，牢记于心间。贤妻良母这样的词语喜欢这样的女子，封建世俗偏爱这样的女子。青出于蓝，名媛闺秀好像也是代代传承。孩童时代的小曼就有了这般超脱的气质。吴曼华对小曼是十分严格的，所有闺秀都有这样的家教。

幼时严母严父是孩子的噩梦，记忆中只有严肃的面容，或许还有家法加身。时光流逝，慢慢成长，渐渐发现，严母严父是自己的幸运。孩子就像是一棵天然生长的植物，美丽纯洁，却也容易旁逸斜出，最后，变成不可逆转的歪脖树，却没有人调教，这才是最可怕的事情……

吴曼华就是小曼的严母，一代才女的女儿自是才貌俱佳，高贵气质与生俱来。古往今来，名垂青史的女子都是独特的。赞赏的、唾弃的，浮沉间，那些令人心碎的人儿还是铭记于心间。小曼就是这样独一无二的女子。不管是受人褒扬还是诟病都已经无所谓，重要的是历史记住了她，陆小曼。

一片阳光，洒进心房。清晨初醒，那一刻，父母就是清晨的旭日，我们期盼那迷人的光彩。小曼为自己的父母骄傲。在商界和政界叱咤风云的父亲，才情卓越的母亲，这是上天的恩赐。果敢的性情，闺秀的气质已经在她的血液里涓涓地流淌着。世界上没有两片相同的叶子，人也是如此。一花一世界，一叶一菩提，或许就是这个缘由。人的性子看似是后天的修炼，却又像是冥冥之中早有了安排。

躲不过的是命运，改不了的是天性。开朗、明快又掺杂着任性，新时代的女性是有些锋芒的。忍气吞声已经成为历史，女人要为自己做主。新旧交替，火花四溅。生于这个时代的女人，承担了 20 世纪的期盼，这个世纪的挣扎。有的人，注定要被这两股力量撕扯。她的灵魂早已注入勇敢，这是幸运还是不幸？

风口浪尖，世俗难容，不是每个女子的命运。上一代的烈女子都已经飘然远逝，只有祠堂里那空空的牌位接受着香火的供养。我们已经忘却那个女子到底是怎样的光景。她曾经风华绝代，是受到褒奖的大家闺秀。这些自然是令人羡慕的，时光流逝，操劳一生，这个女子最后却只留下一尊牌位，一座坟头。

冬的寒冷，夏的热烈，自然法则。看似没有什么道理，我们却也习惯。女人就像是世间的繁花，姹紫嫣红，各有各的美丽。然而，她们的美丽离不开脚下的土壤。只有像陆家那片肥硕的土壤才能生长出小曼这般美丽、充满才情的女子。

虽不是富可敌国，但也算是光耀门楣。锦衣玉食、娇生惯养、良好的教育早已为小曼的成长铺平道路。青砖红瓦，亭台楼阁将她包围。她，生而被人仰视。玉洁冰清如芙蓉，雍容华贵似牡丹。她是娇艳的玫瑰，处处散发着夺目的光彩。她的清香在空气中飘荡，胡适说：她是北京一道不可缺少的风景。

南的柔美，北的端庄集于她一身。人间需要这样的女子，易碎的心灵多了几分坚强，这是属于女人的蜕变。柔情是打开心门的神秘钥匙，我们赞美绚烂的烟火，却改变不了烟花易冷、人心易老的凄凉。只期待，时光能够将那瞬间的美轻轻地收藏。风儿吹拂着她的脸庞，为她种下了柔情的种子。

解开枷锁，抛弃束缚，她将是新一代名媛。聪慧的她，拥有艺术家的敏锐与天赋。文学艺术，慢慢成为她的一部分。仿佛天性使然，抑或是上天的偏爱。这个女子拥有太多，让其他人望尘莫及。

细雨飘，卷珠帘，佳人如斯。没有世俗的牵绊，离开喧嚣的世界，她是否就是完美的圆弧？

徐徐的春风，暖暖地吹动着她的发带。闪闪发光的眸子，充满了对未来的期盼。若人生没有穷尽，只有奔流入海的希望，她将是美好的神话。千篇一律的旋律总会让人疲倦，只有不一样的节奏才能使人留恋，回味无穷。个性鲜明的她，让人看一眼便铭记于心。名媛或许只是一个虚名，长久存在的只是这个"另类"。一颦一笑、一举一动如同诗人笔下的文墨，写下来，便走进了世人的眼里、心间。

皎洁明媚的容颜是扣人心弦的玉指，跟随着空气的流转，悄无声息地侵蚀着人的灵魂，喜爱之情油然而生。他们预见了她不平凡的未来，花瓶易碎，明珠却能万世长存。世间之人都爱触手生温的美玉，所以有一些女子注定是让人爱不释手的宝贝。

柳絮飘，书卷香，女儿闺中待长成。诗词歌赋是名媛淑女不可或缺的外衣，中外文化的熏陶犹如空气中飘荡的花香慢慢沁入如白雪般的肌肤。靠近，便已让人心旷神怡，目光再也无法从她身上转移。

她，陆小曼，是诗人徐志摩挚爱的小眉。她必定不是凡俗女子。香气徐徐，慢慢进入他的梦。萦绕在他心头，占据了他的灵魂。这样的女子一定是美丽、善良、自由的化身。志摩的妻，名门闺秀的她，谁都没有料到，后来"祸水"这样污秽的词语会与这般美好的女子联系在一起。

衣香鬓影，一晌贪欢

她，是上天的宠儿，众星捧月的公主。

上帝在为你关上一扇门的同时会为你打开一扇窗。然而，她却是这般幸运，美貌、智慧、家世无不让众多女子艳羡。她犹如雨后春笋清新宜人，还带着些许的墨香。自古南方闺秀温婉如水，北方佳人端庄坚毅。当各种美集于一身时，她便已超凡脱俗，与众不同。

从繁华的上海，到古老的北京城。在这种空间的转换中，她也汲取了这些城市的味道。上海滩的情调加之北京城的雅韵，将她出落成一种格外风情。她，6 岁进北京女子师范大学女子附属小学读书，13 岁转入法国人办的贵族学校——北京圣心学堂读书。正值豆蔻芳年，小曼的光彩越发耀眼。同年，父亲陆定还专门为她请了一位英国女教师教授英文。

聪明、机灵、可爱、美丽、多才多艺的女子总是最引人注目的。满天繁星，只有那一颗是我们的挚爱。漫山遍野的鲜花，也只有那一朵紧紧地抓住了你的目光。青春年少，热情温柔，男孩子心目中的皇后。多少青年追逐、讨好，她自然趾高气扬，对别人不屑一顾。骄傲得像一个真正的公主。

没有奴颜，没有卑微，只有真性情，这就是小曼。出水芙蓉不带任何修饰，天然的纯美。那是一片碧波荡漾的湖面，平静中带有些许悸动。安稳中的不安是一种诱惑，总是让人想一探究竟。蜻蜓点水，一闪而过，那只是瞬间的记忆。少年的梦里，钟爱的女子总是各种美好，却只剩下模糊的幻影。纯洁灵魂才是最灵动的魅影，最爱，莫过于隐藏于躯壳中的真实。

成绩优异、活泼可爱、精通英文法文，这样的女子在圣心学堂自然也是熠熠生辉，如鱼得水。活泼开朗、不拘于俗世的性格，让小曼更适合外国学校的生活。对于女子，说教多过于教育，这是中国的传统。封建社会浩浩汤汤几千年，秦皇汉武、唐宗宋祖，何等气势？女子是锦上添花的浮华，男人们美丽的外衣。小曼这样的女子是稀缺的，处在时代变迁的尴尬夹缝中，她的人生注定是冰火两重天，褒贬不一。有人爱之深，自有人恨之切。

能弹钢琴、善于油画，怎能不让人钦佩？音乐是醉人心田的一杯美酒。美人抚琴，才子多情。音律总能为女子披上一层轻柔的纱衣，细雨绵绵，欢乐、忧郁都蕴含在空气中，那若有若无的旋律之中。钢琴源于西方，东方人也爱上了她。那个时候，上流社会的人们开始接受西洋文化。钢琴成了新一代名媛的喜爱之物，当然小曼也不例外。

对于艺术，小曼表现出独特的天分，油画更是一绝。置身于山水之间，情意绵绵。每一幅优秀的画作都是一种意境，人、物、情的完美的结合。感情细腻而热烈，这是才女的特质。不论是内心深处，还是浮于外表的幻象，都是那么真挚，让人不禁感叹，怜香惜玉之情油然而生。她的画作被外国友人欣赏，用200法郎高价买走。这是荣誉，也是鼓励。现在这个画作一定还在某个地方，久久屹立，受人赞赏。

肌肤白皙、眉清目秀、机灵聪明的女孩，这是众人对小曼的印象。这样的女子在学堂里，自然是招人欢喜，惹人疼爱。小曼更胜一筹，聪明伶俐如她，端庄娴静如她，她成为学堂里最受欢迎的女学生。

时光如梭，慢慢老去的，越陈越香的，逐渐成熟的，都在时间里静静的变化着。等发觉的时候已经是物是人非抑或是大放异彩。女子都是这样的蜕变过程，不知不觉中长成一朵美丽的鲜花，最后凋零在时空中，不留痕迹，细细品味丝丝的清香。

没有永恒的美丽，能够留住的只有记忆。小曼就是一抹红霞，那么耀眼，一眼万年，收藏在心中。那个学堂里的某个少年，多年之后变成老翁，夕阳下，忆当年，或许会记得曾经有一个女子，就像朝霞一样走进自己的生命，又不留痕迹地离开了……

她被誉为东方美人，外国朋友都喜欢她。开朗的性格，不羁的性情，当时，这样的女子一定是少数。精通英、法文的她自是深得外国友人的喜爱。当时中国正处于危难之时，与外国友人之间的交往需要小曼这样的性子，不卑不亢。

她的成长让人嫉妒。破茧成蝶，惊艳的瞬间，光芒四射。为了这个结果，一定是经历了无尽的痛苦与挣扎。小曼的成功显得那么顺理成章，仿佛是注定的。

有多少名门闺秀与小曼一起出生在那个时代，一样有显赫的身世，良好的教育，骄人的容貌，但是被人们久久记于心间却是少之又少，一切都是有缘由的。一个美丽的小姑娘，在一座古宅里，一遍一遍地练习着乐曲；坐在书桌前书写着娟秀的小楷，背诵着英文、法文。天赋一定是有的，最重要的还是小曼努力地进步着。

她一定是想成为一代优秀的名媛，所以她一直在努力着。陆家孩子们九死一生，活下来也是一种压力。深深的疼爱，殷殷的期盼，陆家的希望，作为女儿身，她不能上阵杀敌，不能完成父辈的伟业。她，一定要成为陆家骄傲的女儿。优秀或许是一种必需，又是一种无奈。

书香墨韵，春日芳菲

幽静的院落里，飘来若有若无的读书声。那银铃般的声音，轻轻地碰撞着院子里的花架。池塘里，鱼儿吐着一串串泡泡，蜻蜓不时地在水面上探着小脑袋，亲吻着如镜般的湖面。鸟儿在枝头唱着欢快的乐曲。若是停留在山水间，小溪环绕在脚下，与世无争，岂不逍遥？

常记溪亭日暮，沉醉不知归路。
兴尽晚回舟，误入藕花深处。
争渡，争渡，惊起一滩鸥鹭。

这是李清照早期的如梦令，流传至今。李清照出身于书香门第，父亲喜爱诗词，母亲是状元的孙女，知书达理，文思敏捷。她一生如楚河汉界，前生后世差距颇大。小曼与李清照虽然相差好几个世纪，但是她们却有相似的地方。一样的美貌、一样的才情，还有一样让人心酸的经历。

古代才女如蔡文姬、李清照、柳如是，她们都是被后人赞赏有加的女子。她们的诗词流传至今，然而，红颜多薄命，她们的命运充满了曲折与磨难。不禁让人感叹：难道这就是才女的命运？

女子的诗词多是清新婉约，触动着人心中最柔软的部分，柔情蜜意相思成灾或者无尽忧愁，黯然伤怀。万花丛中一点绿，不同风格，不同视角的情感，总能让人有一种焕然一新的感觉，倍感难得。小曼读着千百年前的诗句，感受着他们的爱恨情仇、悲欢离合。

书是个神奇的物件，人常说知书明理，书本不仅能够帮助人提高文学素养，还会教给人很多道理。将古人总结的经验和教训装在自己的心里，是为了更好地生活，不再重复古人犯过的错误。父母让小曼饱读诗书，是为了让她增长见识，不做一般的女子，一定要成为他们最值得骄傲的女儿。

历史的车轮碾过，一切都会不复存在。我们只能抓住此时，这一刻，未来不可预知，历史无法重来。历史留名的人，多么令人羡慕。小曼喜欢那些已经逝去的才女们，她们香魂已逝，飘散在那个时空隧道。每当看到书上的句子，小曼总是深深被诗句中的情景吸引，静静地陶醉在那个画面中。

秋风落叶，多少英雄魂！上下五千年，中国文化何等璀璨。文人墨客，来去匆匆，人生不过短短数十载。他们留下的诗词歌赋不计其数，代代相传。一首好诗，是一个意境，一段故事，一声轻叹，将每一个懂她的人定格在那个时间里，回味回味……

踏上人生的旅程，一个又一个十字路口接连出现。当你迈出一只脚的时候就已经不可能再回到曾经的那个路口。小曼选择了一条光明的道路，她要成为被历史记住的女子。

古语有云，女子无才便是德。古代有才情的女子又何止一二？她们的诗词也是万古流芳，命运喜欢与这样的女子开玩笑。痛苦与折磨伴随着她们，逃不了。或许才华是女子的罪过，无知才是对自己最好的保护。别院深闺，针织女红才是女子的生活。循规蹈矩，三纲五常，遵守俗礼，才不会为世俗的剑所伤。

民国时期，风雨飘摇，上流社会依然安逸。名门闺秀受到中国文化熏陶的同时，也开始接受西方的文化。小曼精通钢琴、擅作油画。她崇尚西方自由的思想，希望能够按照自己的意愿生活。矛盾的种子在不经意间已经悄悄萌发。

优美的旋律，欢快的节奏，带给小曼的不仅是美的享受，更是灵魂的洗礼。爱之梦，悄进心间。

养尊处优，西式教育，娇惯任性，这是名媛的天性，在那个年代却也成了她们的悲哀。就如同理想与现实之间的落差，怀揣美丽的梦想，是误落凡尘的孤星，只能把内心的火焰与寂寞都轻轻地埋葬。小曼不拘于世俗，不愿将自己的内心隐藏，只想过自己的生活。女儿柔情的世界里，太多的诱惑、太多的困扰，而她，选择了跟随自己的内心。

她或许是过分了，凡事都要随心所欲，不是任性，是蛮横。成长的点滴都在影响着自己日后的抉择。生活总是给人太多选择，看似眼花缭乱，却也暗藏着折磨。总是无法预料，踏出右脚之后，迎接你的将会是什么？怡人美景，或是万丈深渊。与生俱来的优越感，一路走来风和日丽，她无所畏惧。

破茧成蝶，风光无限

天空澄碧，纤云不染，远山含黛。沉睡的珍珠，醒了，慢慢地睁开眼睛。绽放在梦中，漫步于云端。才貌双全的女子，被人宠爱的女子，这样的光环一直围绕着小曼。

清晨温柔的阳光洒落在红墙上，露珠划过池塘里的荷叶，北京城里开始热闹起来了。伴着清脆的鸟叫声，她开始梳妆，一束青丝，在阳光下发出幽幽的光泽；胭脂水粉、珠光宝气的点缀，让她更加迷人。新的一天开始了，日程总是满满的，春风得意也不过如此。

她是北京一道美丽的风景线，她活跃于上流社会，与阔太小姐们在一起，开始了她的名媛生活。每天都活跃于各种舞会，社交场所。一位名媛必须有滋润她成长的舞台，有人欣赏她的才华。随着时间推移，在一个万众瞩目的圈子中成长，小曼已经成为北京城里无人不知的名媛。

聪明、好学、伶俐这些赞美的词语对小曼最适合不过了。优秀女人的光环已经围绕在她的身上了。虏获了多少青年的心，又让多少女人羡慕，嫉妒，她还那么高高在上，以优越的眼光注视着身边的一切。她的气质更加优雅了，名流们争相与之交往。

空有美貌，没有才情的女子只有瞬间的美丽。只有才华，没有情调的女子又是枯燥的。男人对女人的期望就是这个时代对女人的要求，只有将这些因素完美结合，才能被上流社会的男人所追求。小曼是成功的，她赢得了他们的眼光。

小曼小姐是圣心学堂里最优秀的学生，她是神秘的，因为没有人知道她还有什么没有被挖掘的潜质。作为一个社交场上的名媛，她已经很完美了。她是一条美人鱼，社交场所就是她梦寐以求的豪华泳池，走进社交场所，她享受到了如鱼得水般的痛快。

她离不开社交，她不能失去那种被簇拥，被捧得高高在上的感觉，她一直在捍卫着自己的地位。这也是她的悲哀，一直活在海市蜃楼之中，过着缥缈的生活。沉醉于这种生活，这就是她悲剧的原因，也是被世人诟病的原因。

上流社会的生活最离不开的就是金钱，挥金如土的生活是社交场合中司空见惯的情况。当挥霍成为一种习惯的时候，就会很难改变。对物质的渴望是女人的通病，小曼将女人的渴望变成了自己的特质。她与徐志摩的矛盾也由此产生。不禁让人惋惜，人生没有如果，她，也只能终身悔恨。

走上名媛之路是她的命运，生在陆家那样的人家，那般美貌，聪明伶俐，求学之路充满了光辉。没有迟疑，没有犹豫，直接踏进了社交圈。或许，在某个明月当空的夜晚，她曾经想过自己的人生还有其他的可能。又或者，她一直对自己充满了信心，知道自己一定会成为受人瞩目的名媛淑女，她喜欢将自己置于舞池的中央，华美的灯光下，在那些热情的、激动的、柔情的、嫉妒的目光中尽情地表现着自己。这是一种可遇不可求的享受。

舞池之中的小曼就像出水芙蓉般美丽，她是人人喜欢的女舞伴。年轻貌美，舞姿卓越已经是令人欢喜，高贵孤傲的气质更是让她成为男人眼中的皇后，与皇后共舞自是一件令人羡慕的事情。小曼对很多人不屑一顾，只觉得他们是微不足道的俗人。社交场上小曼游刃有余，受到大家的青睐。

美人花开，明艳照人

三年的翻译生涯或许是小曼最辉煌的时期，这三年的时间将她的才华发挥到了极致。香闺淑女，巾帼不让须眉，小曼将这份工作做得十分出色。小曼不只是活跃于社交场所的名媛。国不强，则家不兴。国家兴亡，匹夫有责。小曼进入外交部，聪明、机灵、博学多识的她得到了大家的认可。她，总是能带给别人惊喜，含苞待放的花儿，让人期待。那必将是艳丽的玫瑰，娇美、动人，散发着诱人的气息。

小曼的英文、法文都十分流利，还有一手漂亮的蝇头小楷。钢琴、油画更是拿手好戏。当外交部部长顾维钧让圣心学堂推荐一名精通英法文，并且聪明伶俐、美丽大方的女孩子接待外国使节时，小曼脱颖而出，成为当仁不让的首选人物。当时小曼已经是学校里赫赫有名的"皇后"，老师心目中的优秀学生，加上她的艺术修养，会表演能朗诵的才华，走在哪里都是备受关注。这样的女孩子，自然要被学校骄傲地推荐给外交部。

小曼生性高傲，走在同学之中总是最特别的那一个。当时学生们一起出去，多少年轻的小伙子讨好她、巴结她，有人为小曼拿外套，帮她做一些琐碎的事，小曼对其都不屑一顾。花样年华，趾高气扬，天生的骄傲也会变成一种优势。

三年的翻译工作让小曼变成了一个有主见、有魄力的名媛，她不再是单纯的学生，传统的大家闺秀。小曼慢慢地意识到自己的才华与魅力，也在不断地释放着自己的能量，努力展示自己，提升着自身的修养。

一个女子要成为真正的名媛淑女，要想成为顶尖的男人追捧的对象，这种锻炼是必不可少的。钢琴，油画，诗词歌赋无一不通，最后却日复一日待在深闺之中，多数才女终究也是被埋没了。那个让人无可奈何的时代，两种主流思想相互碰撞，有志之士还是喜欢有能力、有主见的女子。社会上的一流人物总是围绕在那些才貌双全的女子身边，守候着能给他们带来光彩的女子。

这是人之常情，亦是很多人心中不容置辩的事实。陆家作为民国时期的名门望族，陆家的独苗一定会成为受人瞩目的人物，顺其自然要嫁给最有前途的青年。这是陆家的希望，更是小曼的命运。小曼，不负众望，三年时间一直都很优秀，得到了上司的赏识，也得到了大家的认可。有一次，外交部部长当着小曼父亲陆定的面对一个朋友说：陆建三的面孔，一点也不聪明，可是他女儿陆小曼小姐却那样漂亮、聪明。陆定听后既尴尬，又得意。有小曼这样的女儿，陆定是骄傲的。自从小曼开始懂事，他总是能听到身边的朋友对小曼的赞许声。这是作为一个父亲最大的欣慰。

小曼开始接待外交使节的工作，她性格开朗，了解外国文化，懂得分寸。古老的中国被西方列强欺凌，这是不争的事实。就在那个受人掣肘的年代，外国使节总是那么高傲，对中国人不屑一顾。小曼不是逆来顺受的大家闺秀，她是不卑不亢、无所畏惧的。

在外交部的翻译工作中她经常流露出爱国情感，外交工作最讲究技巧，然而一个人的风趣和幽默常常能化解一场危机，令人刮目相看。小曼将自己随机应变的能力发挥得滴水不漏，更挽回了国家的尊严。她，是一个年仅17岁的女学生，豆蔻年华，年轻美丽，对别人有一种神秘的征服感。也许因为她是一个女学生，还是一个孩子，她说什么话别人都不在意。

有一次法国的霞飞将军在检阅我国仪仗队时，看到仪仗队的动作很不整齐，因此他奚落道：你们中国的练兵方法大概与世界各国都不相同吧！小曼机智地回答：没什么不同，全因为你是当今世界上有名的英雄，大家见到你不由得激动，所以动作无法整齐。她的回答既挽回了中国人的面子，也让将军愉快之余对中国人有了好感。这样令人赞叹的表现，只有小曼这样聪明、伶俐、大胆的女孩可以做到。有这样令人满意的经历，小曼当然对自己十分自信。

如此这般有胆识的女子在那个年代是稀有的，她就是最耀眼的明珠。陆家有女初长成，皓月晓风般迷人。外交翻译工作是小曼最为喜欢的，她喜欢挑战，又不甘于寂寞。这个工作无疑是最适合她的，舞池里的小曼仪态万千，博得中外贵宾的称赞。她举止得体，身材曼妙，每场舞会都有跳不完的邀约，飞扬在舞池中，犹如一只美丽、高洁的天鹅。

金石良缘，天作之合

远处若隐若现的石桥，天空飘落着细细的烟雨，朦朦胧胧。一个娇小的女子撑着油纸伞，踏着青石板，走过。眼神中带着愉快、希望还有丝丝的忧伤。女子出阁前的多愁善感，那是不可预知的未来，承载着一个女子一辈子的幸福。

漫天的柳絮，让人着迷，看久了便心烦意乱。莫名的烦躁，父母一直在张罗她的婚事，已经有了合适的人选。她脸上缺少了几分出嫁的喜悦，多了一些忧伤，却没有拒绝的理由。结婚已是既定之事，小曼只能接受。父母之命，媒妁之言，门当户对是大家闺秀婚姻的准则，数千年不曾变过。

女子总是在懵懂之时便已经嫁作人妇，小曼亦是如此。她是社交圈中的名媛，又从事过外交翻译工作，见多识广。比一般的女子都更加有见识，有思想。但是面对婚姻，她还是不知所措的，那完全是一个新的世界，充满了好奇却还有恐惧。

陆家知道小曼的价值，对于女婿的挑选十分严苛。媒人踏断门槛，都不合心意。陆定夫妇细细挑选，终于有一个年轻人让他们眼前一亮。不论人品、相貌、才学都是佼佼者。这正是陆家心目中的合适人选，只有这样的人才配得上他们的掌上明珠。

王赓，1895年5月15日生，1911年毕业于清华大学，同年赴美留学，这一年到美国留学的还有金岳霖。最初入密歇根大学，不久改入哥伦比亚大学，后到美国普林斯顿大学读哲学，1915年获普林斯顿大学文学学士学位。又到西点军校攻读军事，与美国名将艾森豪威尔是同学。1918年6月，以第十名的优异成绩毕业回国。这样一位既有文科修养又有西点军校背景的年轻人，在军阀混战时期必定是不可多得的人才，陆定已经看出，这个青年的前途不可限量。

王赓回国后就供职于陆军部，1918年巴黎和会期间，需要留洋的军事专家协助争取中国的权利，旋又任他为巴黎和会中国代表团上校武官，兼外交部外文翻译。可能正是在这个时候，他认识了在巴黎和会外围到处呼吁中国权益的梁启超。梁启超看重他的人品和才华，收他为弟子，像徐志摩一样，他也成为梁启超的弟子。1918年秋，他任航空局委员，1921年为陆军上校，正是在这个时候，唐在礼夫妇介绍他认识陆小曼。1923年他任交通部护路军副司令，同年晋升陆军少将。1924年底，任哈尔滨警察厅厅长。短短的6年时间，他由一般青年，步步高升，平步青云，前途无量，这样屈指可数的人才，小曼父母当然看好。

陆家丝毫没有迟疑，将小曼许给了王赓。婚礼轰动北京城，陆家何等的财力和地位，独女的婚礼自是体面、奢华。不仅仅是金钱的堆积，

第一章
如花美眷，轻舞霓裳映风华　23

更是身份的象征。傧相就有九位之多，除曹汝霖的女儿、章宗祥的女儿、叶恭绰的女儿、赵椿年的女儿外，还有几位英国小姐。为了这场盛大的婚礼，陆家也是费尽心思，一定要小曼风风光光地嫁出去。前来贺喜的显贵不计其数，社会名流，政界要员，商界泰斗纷纷来贺。

19岁的小曼就这样轰轰烈烈地嫁给了王赓，陆家希望王赓干出一番事业，也不枉费他们嫁女的心意。小曼不再是烟雨中的姑娘了，她变成了别人的妻子。小曼是应该相夫教子，安心做个官太太的时候了。贤良淑德是一个已婚女性必备的品质，断绝与其他一切异性的交往。梧桐深锁，静静地待在暖阁中，等待着自己的丈夫。看着院内的景致，听着蝉鸣鸟叫，看着花落花开。这才是一个好女人的标准，一个好妻子的典范。

王赓长小曼七岁，婚后对小曼也算疼爱有加。小曼和王赓也算是闪婚，从订婚到结婚也就一个多月。他们之间的了解不多，小曼只是顺从父母的意思，就像是一场被人编排好的戏一样。她是女一号，但是却演的不是自己。婚后小曼的性子有所收敛了，她想做一个好妻子，毕竟已经结婚了，是别人的妻子。

那时候多数人的婚姻身不由己，西方先进的观念已经开始动摇中国人的思想，根深蒂固的理念不会轻易被改变，有志之士已经开始反抗，这一切都需要时间。只有当生活无法继续，被苦痛包围的时候，人们才会对不合理的制度说出"不"字。

小曼与王赓的婚姻几乎是人人看好的金玉良缘。小曼家的财力和人脉能使王赓的仕途更加平坦。王赓是有真才实学的青年，有这样的女婿，陆家的地位也会更加稳固。

第二章 一代芳华，寂寞花开开无主

桎梏婚姻，婚后哀怨

雪花悠悠飘落，小曼站在窗前，美景似画。屋子的暖炉里散发出阵阵的热气，她的心却还是凉。皑皑白雪淹没了一切，也尘封了一切。只有梅花依然那么美艳，鲜红的颜色犹如一团火焰，燃烧着寂寞人的心。美人倚窗扉，眼蒙眬。

自从结婚以来，小曼的心一直都充满了孤寂。她，不再是那个灵动的小女孩，不是可以独自参加各种宴会的名媛，她变成别人的妻子，只能独自待在家中。这对于小曼来说无疑就是一种折磨，她就像是炽热的阳光，怎么能隐藏在一个角落里。

小曼喜欢热闹，害怕孤独。只有置身于人群里，她才能感受到快乐。她受到西方教育的熏陶，在外交部任职，她已经习惯了被人追捧的生活。笼子里的金丝雀，惹人怜爱。小曼绝对不想成为画里的风景，再动人，也不真实。

上一代的名媛淑女，秉承了几千年以来中国的传统，丈夫和孩子是女人这辈子的主题。多少女人的青春都埋葬在了幽静的院落里。陆小曼曾在日记中写道："她们（母亲）看来夫荣子贵是女子的莫大幸福，个人的喜、乐、哀、怒是不成问题的，所以也难怪她不能明了我的苦楚。"

小曼的内心是苦的，性格决定命运。她，受不了冷落，孤寂的生活对她是一种莫大的伤害。她是接受过西方教育的新一代名媛，她想要精彩的生活。丈夫、儿子不应该是女人的全部，只有为自己活着，才是真正的人生。所有人对女人的要求就是贤良淑德，一心一意为丈夫和家庭服务，张扬个性那是不被世俗容忍的。

　　她的丈夫，王赓，每天都忙于公务，早出晚归。少年得志的他，是上流社会人们心中有前途的青年。能够得到上司以及社会名流的认可，这与他的努力是分不开的。王赓对自己的要求极为严格，所有的事情都是泾渭分明，一板一眼。他在别人眼里是一名优秀的军官，出色的军人，好男人的典范，但却不是小曼心中的理想丈夫。

　　王赓在工作日没有娱乐，只能工作。小曼只能自己待在家中，百无聊赖。她不想做男人的附属品，她是一个女人，当时的名媛。她需要丈夫的陪伴，并能支持她的优越感和虚荣心。她不是一个没有思想、没有情感的摆设。一颗心跳跃在胸膛，她渴望浪漫的生活。王赓一心扑在了事业上，他抽不出太多的精力呵护自己的妻子。事业蒸蒸日上，他觉得自己已经是出类拔萃的人物，但是他想让自己变得更加出色。在他的心里，男人的事业就是资本，也是对妻子最大的报答。只是面对陆小曼这样的女人，这样的理论早已经变成浮尘。

　　她，是一个个性十足的女人，浪漫、热情而知性。这样的女人更需要浪漫的情怀，风花雪月的陪衬。她与王赓是两个世界的人，她不理解王赓的雄心壮志，王赓也不理解她的少女情怀，一切都在慢慢疏远，离开原来的轨迹。心朝着不同的方向游走，这就是同床异梦的痛苦。

小曼试着缓和他们夫妻之间的隔阂，只是她太小看天性的作用。每当她感到寂寞万分的时候，就会让王赓陪她去参加聚会，王赓很少同意，总是以工作忙的理由拒绝她。是啊，他忙，工作是重要的，是他口中的"大事"，而她只是一个微不足道的角色。小曼总是这样想，对于这段婚姻，她沮丧了，开始怀疑自己的婚姻。

此时的王赓，根本没有感受到自己妻子的忧伤。女人心海底针，对于女人的心思，男人好像永远是个局外人。而女人的感情就像一堵墙，总是随着自己的心发生倾斜。女人的心思也是有迹可循的，只是男人们不是太自信就是太大意，总是忽视身边的女人。男人总是认为，事业不仅是自己华丽的外衣，还是留住女人的资本。尤其是那个年代的男人，很少关心女人的感情世界。

小曼开始不想维持现在的生活了，她的内心开始反抗，她憎恨那些束缚女人的封建礼教。她不想也不会做唯唯诺诺，为别人而活的女人。她早已经看透了她母亲辈生活的无聊和无奈。她在日记中写道："从前多少女子，为了怕人骂，怕人背后批评，甘愿自己牺牲自己的快乐与身体，怨死闺中，要不然就是终身得了不死不活的病，呻吟到死。这一类的可怜女子，我敢说十个里面有九个是自己明知故犯的，她们可怜，至死不明白是什么害了她们。"

这是多么真实的宣泄，这也是小曼的内心独白。女人不应该承受这么多不公平的条款，这究竟是谁制定的？一定是男人，小曼常常想。世世代代的女人心甘情愿地遵守这些，小曼更是不理解。为什么没有人站出来反抗？小曼想自己这样过下去，不死也会疯。每天要面对一个工作机器，一个不懂体贴的男人，无聊地生活着，没有尽头直到死亡的那一刻，想到这里，小曼打了一个冷战。

　　不论她的内心是多么痛苦，多么悲伤，她终究还是一个生活在这个社会中的女人，她不知道自己应该怎么摆脱这一切。就像一只被关在笼子里的金丝雀，一点办法都没有，只能发出几声悲鸣。没有人理会，没有关心，只有越来越强烈的痛苦围绕着她。不能拥有自由，为何还让她看见美丽的天空？

　　两个人的寂寞，或许王赓也是如此孤单。但不知道如何走进妻子的心，他不知道怎样才能让妻子拥有更多的笑容。他只能更加努力地工作，让妻子过着物质优越的生活。尽可能地满足妻子物质上的挥霍，他知道，小曼并不是一个懂得节省的女人。

　　在认识徐志摩之前，她只是消极反抗。与一些和她命运相同的千金小姐、太太们一起出去吃饭、喝酒、打牌、捧戏子、跳舞、唱戏，过着名媛富足而百无聊赖的生活。这是意料之中的事情，小曼属于这样的生活。只是这一切看似和以前一样，其实都已经变了。婚前的她，就是展示自己，她是骄傲的公主，等着别人的追捧，这样的生活她是真心的喜欢。如今，这是放纵自己，消磨时间的方式。就像是手术前的麻醉剂一样，可以减少疼痛的折磨。难道这就是她曾经在梦里向往的生活？她苦笑着，问自己。时间过得快了，痛苦是否就会少一些？

　　小曼总是很晚才回家，晚睡晚起，整天萎靡不振，生活没有目标，没有信心，对什么都漠不关心，为此丈夫对她多有微词。王赓虽然不能常在家中陪伴她，但对她的生活方式和人生态度并不满意，因此常常劝她不要出去，免得把身体搞垮，其实关心是一方面，更重要的一面是不愿意妻子抛头露面，不愿意妻子惹事。丈夫这样的劝说没有用，小曼根本就不会放在心上。小曼极为任性，一直有着大小姐的脾气。父母虽然家教严格，但是因为是独女，也都尽量顺着她的意思。她向王赓诉说自己一个人在家多么无聊、多么难受，不出去玩又能做什么，怎样打发时间。任性的小曼说到气愤处就会恶语相讥，为了出气专拣难听的话说，时间久了互相伤了和气。小曼为此也很痛苦，但又无可奈何。

后来的第二任丈夫徐志摩也是这样，希望妻子乖乖待在家中，因为这才是传统意义上的好妻子，守着丈夫。社交圈也是一个复杂的地方，接触多了人的心难免会受影响。人应该有自己真实的生活，浮华的生活会让人堕落，不敢面对现实。社交可以成为生活里的一部分，但毕竟不是人的主业。社交生活总是黑白颠倒，人不能正常起居。小曼的身体本来就不好，这种生活只能让身体更加虚弱。见到这种情况，小曼就会大发脾气，因为没有人了解她的心理和感受。那么，她的感受到底是什么？很难捉摸。

她，渴望爱情，希望男人给她浪漫的生活。她想拥有自由，永远像少女一样生活。这就是她的矛盾，她自己都很难说服自己，更何况是一个男人，如何能了解她那深邃、细致的心思。

她这样的性格，或许根本就不适合婚姻，因为婚姻本身就存在一种束缚。小曼的想法不是这样的，她只是觉得王赓不是能和她一起生活的人。她，没有意识到自己的问题。她与王赓真的不适合，王赓不浪漫，没有情调。志摩对她体贴，是她真心爱慕的人，最后，还是没有完美的结局。

浪漫相遇，擦出火花

清晨的微风透过窗帘，轻轻抚摸着美人的脸。山重水复疑无路，柳暗花明又一村。希望就在那片黑暗之中星星点点的烛光，为你指明前进的道路。某个时间，某个场合，遇见一个情投意合的人，这就是缘分。那片桃花林，鲜艳的花朵，翠绿的树叶，散发着诱人的香气。缓缓地流进了你的心间，停留，久久不能消散。

有个叫徐志摩的人走进了小曼的生活。徐志摩是一位诗人，他，天性浪漫，外表英俊，才华横溢。当时已经是一位很有名气的文人，他的作品受到了上流社会的认可。风雅的谈吐，也受到了很多名媛的爱慕。

在浪漫之都巴黎，徐志摩曾经与一名绝世才女林徽因有了感情。这段爱情并没有持续很久，林徽因认识到自己对他的感情崇拜多过爱情，就毅然离开他，回到了北京。徐志摩对林徽因难以割舍，最终追到北京，还是没有得到自己想要的结果。林徽因嫁给了与她已有婚约的梁思成，这是徐志摩心中永远的痛。

北京是个古老的城市，古往今来出了多少故事。无数人在这里谱写着他们的青春、他们的爱情。在这个热闹的城市里徐志摩伤痛万分，而就在这里，他遇上了让自己魂牵梦萦的人，这个人就是陆小曼。悲剧或喜剧都不重要，我们不得不承认这是一段曾经让人艳美的佳话。

小曼是怎样认识徐志摩的？不论当时是怎样的情况，但他们的相遇肯定是一种天意。一个受伤的男人，一个失意的女人，擦出火花是必然之事。徐志摩与陆小曼都是充满魅力的人物，男才女貌情投意合，没有人会感到吃惊。爱情总是在没有预料的时候就悄然到来，让人措手不及，欣喜万分。

爱情是一滴甘露，能够滋润枯竭的心灵，就像春天的细雨，那么细腻、那么柔软，滋养着美丽的花朵。徐志摩与陆小曼两个人的相遇是一种不期而遇的美丽，是一种内心的契合。爱上一个人或许就是裙摆飞扬的瞬间，嘴角上扬的弧线，不经意的一个眼神。我们感叹爱的奇妙，又不禁意识到这种偶然中的必然。郁达夫说：忠厚柔艳的小曼，热情诚挚的徐志摩，遇合在一道，自然要绽放火花，烧成一片。

正如张爱玲所解释的爱：于千万人之中遇见你所遇见的人，于千万年之中，时间在无涯的荒野里，没有早一步，也没有晚一步，刚巧赶上了，这就是缘分。王赓、徐志摩、胡适都是留美派，都是梁启超的弟子，又都是北京社交界的年轻俊杰，他们无论如何是要碰到一起并认识的。他们不仅认识，而且还是好朋友，常常一起聚会，出游。可能是在这些聚会中，也可能是和朋友一起去王家拜访时，徐志摩认识了陆小曼。

总之他们认识了，互有好感，大为欣赏，一见钟情。陆小曼容貌美丽、娇艳，身材婀娜多姿，性格活泼开朗，态度轻松、自然，说话柔声细气、幽默俏皮，为人机灵、大方，吸引了多情的徐志摩，征服了傲慢的徐志摩，徐志摩要找的就是这样灵性的女子。

只有这样的女子才与他的浪漫情怀紧紧相扣，小曼的影子已经在他的心里挥之不去了，她的一颦一笑都像烙印一样刻在了他的心里。爱情给他的眼睛蒙上了一面美丽的轻纱，小曼的一切在他的眼中都是一种吸引。接受了西方文化的熏陶，加上诗人的情怀，在徐志摩的心中爱情就是让人能活下去的支柱。而他的爱情只有博学多识，美丽聪慧的女子才能够成就。

小曼这样多才多艺，美丽可爱，有灵气又超拔的女子可不是到处都能遇见的。对徐志摩来说，小曼就是世界上的唯一。他知道，要是错过了小曼，可能他这一生的爱情将变成幻想。徐志摩对小曼一见倾心，马上引为同道，到王家的次数也就多了起来，与王赓的聚会更是频繁得很。只有他自己知道，所有的一切都只是为了多看一眼她，和她多说几句话，多一些了解。他爱上了小曼，爱上了朋友的妻子。

小曼的心也跳动起来了，结婚后她一直都过着行尸走肉般的生活。自从徐志摩出现，她的心开始有了涟漪，暗暗地跳动着。她想压制自己的情绪，但是无济于事，越想控制越是那么肆无忌惮地思念。不知道从什么时候开始，她总是盼着徐志摩的出现，哪怕是他与王赓在交谈，自己只是在一旁偷偷地看上几眼。

她，自卑了，怯懦了。从小就娇惯任性，自我感觉良好的女子第一次出现这种感觉。毕竟自己是有夫之妇，是别人的妻子，如何能够对别的男人动心，况且还是那么一位有魅力的男人。想起自己读的书里的故事，突然觉得很真实、很凄美。以前总是觉得那些都是虚假的东西，别人杜撰的经历。此时的陆小曼真切地体会到书中女主人公的感受。

徐志摩就是她梦里的那个男人，能够温暖她心灵的那个人。王赓是一个刻板、尽职、沉着、干练的年轻人，是一个工作狂，除了周末，平时绝没有时间陪小曼玩耍或说话。这种婚姻已经让小曼厌倦，生活中出现像徐志摩这样的男人，自然会让小曼感受到柔情。已经开始倒戈的心毫不犹豫地偏向了另一边。

其实王赓是一个可怜的男人，作为一个男人他并没有做错任何事情，他是一个优秀的男人，这一点不容置疑。妻子背叛了自己，爱上了自己的朋友。这对任何一个男人来说都是奇耻大辱，自己却只能眼睁睁地看着，没有任何办法。一个是枕边的妻子，一个是挚交好友，却在自己眼皮底下眉目传情，这是多么大的讽刺？

陆小曼的母亲说，小曼是因为接触徐志摩这种人，又看了太多的小说才导致离婚的，这确实也是当时新潮的名媛淑女们离婚的原因。陆小曼这一代，女子的生活已经开始改变。各种歌颂爱情的书籍也传进了中国，加之接触了开明的绅士，受了西风的吹拂，中国的名媛淑女们开始变化，追求爱情是她们变化的第一步。

红袖香寒，寂寞烟云

红灿灿的朝霞渲染着整个老北京城，来来往往的人群夹杂着各种叫卖声。北京城里的大街小巷都是这么热闹，红砖绿瓦都散发着暧昧的气息。院落里的绿树显得更加清脆,蝴蝶在花丛中忙碌着,扇动着美丽的翅膀。豪门深闺显得愈加幽静,静谧的气氛中还有一丝丝的忧伤。

小曼是一个任性、多情、爱玩的女人,一天不出去,就浑身难受,无聊至极。她厌恶这种无边无尽的孤寂,没有激情,没有自由,无所事事。时间对女人来说是宝贵的财富,如此这般的花样年华,怎能就这样在寂寞中渐渐逝去。

小说是小曼的精神食粮,也可以帮她打发那一个又一个无聊的下午。她沉醉于那些动人的情节,不管是惊世骇俗的痴恋还是没有结果的暗恋,都深深地打动着她的心。她很想将自己的感受说给身边的人听,但是没有一个人能理解她心情和感受。她觉得自己在这个世界上孤军奋战,连一个知心的人都没有。

每当小曼要对王赓说出自己内心的感受,王赓总是漫不经心地听着,小曼知道他并没有理解。王赓以为小曼就是抱怨几句,使点小性子,发个脾气,并不会真的有什么离经叛道的想法。在他的心目中,她就是一个任性的孩子。可她并不是一个孩子,而是一个女人,她有判断能力会思考,是一个独立的个体。

他们夫妻间存在性格方面的差异,是完全不同的两类人,时间一久,自然产生矛盾、摩擦。矛盾、摩擦日积月累,夫妻变得疏远、冷漠,甚至成为怨偶。当夫妻之间的感情只剩下抱怨之后,婚姻已经名存实亡了。小曼开始消极对待,不想为自己的婚姻再做出任何努力。疲倦是婚姻里最可怕的情绪,憎恨往往还表示存在着感情。一切都变得无所谓的时候,婚姻也就走到了尽头。只不过是生活在一个屋檐下，无关紧要的人。这多么令人寒心！

进入热闹的戏院，已经听过好几遍的戏，每天都在上演。遇到的总是那么几个人，大家在一起喝酒、聊天、听戏。笑声像热浪此起彼伏，夹杂在那激情澎湃的戏曲声中。大家互相看着对方的脸，却永远不知道对方在想什么。一个月不见面，就会把这个一起欢笑的人忘掉。这就是社交生活，华丽得令人着迷。只是到最后，你还是你，并没有任何改变。所有的孤寂和痛苦还是要自己承担，那些曾经一起欢笑的人早已经消失在脑海里，没有留下任何痕迹。

徐志摩是一个性情化的诗人，情绪好或坏的时候往往需要朋友或同伴，因此他心中常常没有杂念，无所顾忌地找上王家的门来。或许他的心里已经开始装着一个美好的女子，只是此时的他无法意识到自己的真心。或许他还没有发现这颗寂寞的心。没有人能够界定爱情来临的时间，只有当它在自己的心中生根，才会逐渐发现这个奇妙的东西已经枝叶繁茂，留在心间无法移动。

毫无戒心的王赓正在批改公文或手不释卷或公务缠身，他会头也不抬地对徐志摩说："志摩，我忙，我不去，叫小曼陪你去玩吧！"若小曼想出去玩，而徐志摩又恰巧在跟前，王赓又会对小曼说："我没空，让志摩陪你去玩吧！"王赓信任自己娇美的妻子和徐志摩这个磊落的朋友，而最初徐志摩和小曼也像两个小孩子一样只是想出去玩玩，并没有私情。

可是孤男寡女在一起，不免日久生情。更何况他俩性情本相同，又是两个互相欣赏的人，再加之二人内心孤独，都需要深层情感的抚慰。他们在一起总是谈古论今，从孩提时代讲到青葱岁月，从少时学堂之事聊到父母高堂，最后聊到各自的婚姻。言语之间，他们看出了彼此的心事。他将自己对小曼的感受藏在心间，毕竟这个女人是朋友的妻子。小曼把自己对徐志摩的心意默默收藏，毕竟他是自己丈夫的朋友。

王赓没有时间陪小曼，徐志摩就陪小曼参加社交舞会。他们一起跳舞，他们两个都是艺术感觉十分敏锐的人，美妙或激越的音乐和舞蹈能唤起人的情感，激发人强烈的情感，更何况他们是如此般配的一对，才子佳人，一个浪漫风流，一个如花美眷。飞扬于舞池中，他们显得那么夺目，那么耀眼。

他们一起外出欣赏美景，春天西山开放着满山遍野的杏花，让他们怦然心动，互相陶醉。大自然总能给人亲切的享受，就像投入了母亲的怀抱，不禁让人忘却了一切烦恼。他们分享着眼前的美景和各自的感受。他们一起唱戏义演，分享成功的喜悦。

他们一起喝酒聊天，袒露胸襟，说出自己最隐秘的痛苦和喜悦。这两个内心极端孤独痛苦的人，发现对方都是心地单纯、极其美好的人，于是他们同病相怜，互相需要。爱情的初衷就是相互欣赏，相互安慰。感情就像两条小溪，而后汇聚成一条大河。这是一种自然的反应，没有人能够拒绝。

这样互相慰藉的两个男女，天长日久，必然发出深厚的情感，激发了强烈的爱情，爱情是如此甜蜜，爱情使他们快乐无忧。爱情这样美妙，他们发现自己还没有真正爱过，这就像是他们的初恋。他们需要同类、同伴，需要安慰和快乐，他们需要对方，他们已经离不开对方了。

当他们意识到自己的这种情感时，他们有些害怕，也有些内疚，但他们已经身不由己、心不由己。他们已经顾不了他人的感受，他们只能不顾一切地走下去，因为太美了，所以舍不得，他们只能错下去，于是震惊北京城的一场轰轰烈烈的爱情就如此这般开始了。

前世之缘，魂牵梦萦

有一条无形的线不停地牵动着两个人的心，这就是缘分。冥冥之中仿佛早已有了安排，前世今生的等待就是为了这一次的相遇。众里寻他千百度，蓦然回首，那人却在灯火阑珊处。美丽的邂逅，彼此的眼眸在灯光下闪闪发亮。

一位依旧风光无限的少妇，才女。已经嫁为人妇的她，依然保持着少女的情怀。沉闷的婚姻令她意志消沉，对生活失去了乐趣。但是走进社交聚会，她还是风姿绰约，引来大家的追捧，她就是天生的名媛。不论到什么时候她都保持着高傲的姿态。

走进小曼的内心，才发现她是一个有思想，多愁善感的女子。风华绝代的舞姿背后隐藏着一颗受伤的心灵。只有真正懂得欣赏她的人才能看见最深层的她，才能够深切体会这个女子的喜怒哀乐。小曼在日记里这样写道："其实我不羡富贵，也不慕荣华，我只要一个安乐的家庭，如心的伴侣，谁知连这一点要求都不能得到，只落得终日里孤单的，有话都没有人能讲，每天只是强自欢笑地在人群里混。"这就是她的心声。

虽说她并不是一个懂得节俭的人，这源于她的家庭、她的出身。从小过着锦衣玉食的生活，她并不知道生活的艰辛。衣来伸手，饭来张口已经成为她的一种习惯。但是，奢靡的生活并不是她的本意。不经意间，她的生活就变成了这样。

无聊的生活总要有一个宣泄的方式，她离不开那种浮躁的生活。这是她唯一消遣的方式，麻醉自己的良药。因为整天沉迷于日夜颠倒，脱离现实的生活，才让她远离了痛苦。那不是消失或者不存在，而是没有时间和精力去思考那些令人不快乐的问题。

一位浪漫的诗人，因为父母之命、媒妁之言，迎娶了一个与自己没有共同语言的大家闺秀。她是一个好妻子，孝敬公婆。相夫教子。这样的女人贤良淑德，受人敬爱。一切都是那样的完美，只是徐志摩的心里却是那样空虚。他渴望轰轰烈烈的爱情，就算是为此而牺牲，也是值得。

徐志摩一生短暂，却留下很多令人感动的诗句。这一切都源于他丰富的情感世界，诗人总是多情的人儿。徐志摩追求了林徽因四年，却没有得到任何结果，他从巴黎追到北京，最后林徽因与梁思成却双双赴美国留学，斩断了他所有的希望。林徽因是徐志摩心中的女神，他们在巴黎相遇。林徽因欣赏徐志摩的才情，崇拜他，徐志摩更加喜欢林徽因，两个人在巴黎拥有一段美好的回忆。

有的人出现在彼此的生命里，只是暂时的停靠，轻轻地告诉你一些事情便离开了。对于徐志摩，林徽因就是这样的女子，她美好，充满魅力，令人着迷。但最终只是一个过客，一个令人伤心万分的曾经。

遇到小曼的时候，徐志摩正处于无尽的痛苦之中。失败的爱情已经彻底地击垮了他，生活已经失去了意义，每一天都是煎熬。爱情带来的伤痛没有人能够替代，所有的一切都要自己去承受。地狱的苦痛也不过如此吧，他要结束这种生活。沉闷、压抑、痛苦每一天都折磨着他的心。

他需要另一个女神抚平他的伤口，给他希望。小曼的出现无疑是柳暗花明，给他的生活重新带来阳光。美丽的女人总能吸引男人的目光，而才情更能够让男人心动、停留。他对女人是挑剔的，看女人的眼光比较高，女人就是他所谓爱、美、自由理念的体现。一个女人如果不漂亮，不活泼，没有灵性，没有知识，没有天赋，他绝不会喜欢。林徽因有这一切，陆小曼也有这一切，他爱这一类女人。只有这样的女人才能够成就他的诗情画意，也只有这样的女人才能够成为他的知己。

徐志摩喜欢有志向的女子，没有才情，没有知识的女人是乏味的，当容颜渐渐老去的时候，什么都留不下，也剩不下。只有内心的学识和自身的气质能够长久地保留。小曼在他的心里就是这样的女子，美丽大方、多才多艺，看见小曼，徐志摩就知道，这就是他苦苦寻找的人。他热烈地爱上了眼前这个女子，在他的眼中小曼是完美的，无人能够取代。爱情让人变得盲目，看不清真相，只能够看见美好的一面，无视真实的世界。或许徐志摩觉得经过他的熏陶，小曼一定会成为他心目中的真正的淑女。

在小曼的心中，徐志摩是那么与众不同。他不追名逐利，没有满脑子升官发财的想法，而是那么的善解人意，懂得女人的心。他是真正地理解她，欣赏她。他的心是那样宽阔和柔软。小曼喜欢这样绅士又柔情的男人，想象与这样的人生活在一起，一定能够幸福。恋爱中的人总是把对方想得太好，或只想对方好的一面，甚至夸大对方的好处。给对方一圈光环，在这光环的照耀下，一切都美妙无比。

这就是前世的约定，无法逃避的命运，两个志同道合，同病相怜又相互欣赏的人注定要走到一起。

愁云惨淡，知音难寻

借问人间愁寂意，伯牙绝弦已无声。高山流水琴三弄，清风明月酒一樽。钟期久已没，世上无知音。伯牙绝弦，知音难觅。这是多少世间人心中的呐喊。人生友不过三，更何况，相识满天下，知心能几人？茫茫人海之中，小曼与徐志摩相遇了，相知相惜。他们就是彼此寻找的知音，两颗心已经默默地贴近。

小曼告诉徐志摩：从前，她只是为别人而活，从没有自己的生活，她的生活都是别人安排好的，是别人要的，不是她要的。王赓是父母看上的，是他们押的宝。父母认为王赓以后必将有一番作为，而她是陆家的独女，一定要与这样的男子结婚才能给家族带来希望。她明白，她纵有千般本领，也只不过是个女流之辈。她不能像男人一样抛头露面，征战沙场。陆家的声望需要一个男人来成就，父母必须寻找像王赓这样的人。

　　没有反抗，没有太多微词，她听从了父母的安排。当时她没有真正地看透婚姻这件事情。没有人让她有爱情的感觉，没有人像徐志摩一样走进她的心扉。她以为结婚以后爱情自然就有了，结果，她失望了，最终，绝望了。这不是她想要的生活，她一直在坚持着，希望有一天她与丈夫的矛盾慢慢化解。时间一天天、一月月的过去，她与丈夫之间的隔阂却越来越深。

　　月上柳梢头，人约黄昏后。这样美的诗句，她只是欣赏。孤单地看着窗外的月色，一切只是更加冷清了。没有人陪伴，再美的景致只剩下凄凉。她开始消极反抗，每天沉迷社交场所，跳舞、喝酒、打牌，过着虚幻的生活。只有这样她才能麻醉自己的灵魂，让时间过得快一些，痛苦可以变得少一点。

　　王赓劝阻她，让她远离那些浮躁的生活。小曼的身体一直不好，加上黑白颠倒的生活，身子更加不如从前。小曼的性格十分张扬，王赓怕她惹出什么是非。女人抛头露面难免让人担心，何况王赓也是有头有脸的人物。

　　她生活在牢笼中，生活在铜墙铁壁中，在生活的大网中，几乎窒息，喘不上气来，可是没人理解她，也没有人理睬她的感受。她需要一个倾听她心声的人，一个真心疼爱她的人。无数次在梦里，她看见的那个人，亲切地注视着她，只是每次都看不清他的脸。她知道，梦里的人终究会出现。

　　那股执着的意念一直支撑着小曼，这样痛苦的生活不会持续一辈子。小曼知道自己不会像那些郁郁而终的女子，葬送自己一生的幸福，只为一个贤良淑德的虚名。生命承受的是不可逆转的厚重，活出自己的精彩才是生命真正的意义，这些在当时看似不正常的想法就是小曼的真心。

社交场上的人，总是那般纸醉金迷，开心畅饮。这些都是虚假的表象，每个人都怀揣着自己的秘密在人群中沉醉，谁都看不见对方的真心。小曼看着那些阔太小姐们，竟然会有一股忧伤。看着这些女人在舞池中翩翩起舞，满面笑容，她，仿佛看见了她们心中尘封的寂寞。她，了解女人的心，明白女人的痛。有多少女人每天身不由己，乏味地生活着，像自己一样。

黛玉葬花，片片花瓣落在地上，这是花儿的命运，黛玉却不忍见，亲手将她们埋葬，多么凄美的画面。女人最爱自怜，这是天性使然。如同她一样的女子，世间不知多少。默默地忍受着生活所赐予的一切，从来不曾为自己争取。她不想将这样的命运延续下去，只是她不知道该如何改变这一切。站在人生的十字路口，陷入迷茫，她需要一个可以指引她方向的人出现。

终于，徐志摩出现了，在小曼最迷茫的时候。小曼向徐志摩敞开了心扉，说出她的希望和失望、情感和期盼、苦恼和痛苦。徐志摩就是她的知音，倾听着她的心声。心中的郁结慢慢解开，心胸开阔起来了。遇上一个真心理解自己的人，就像久旱逢甘露般畅快。

不知从何时起，小曼开始期待徐志摩的出现。每天盼望着见到他，与他交流思想，互吐心声。徐志摩与王赓是不一样，王赓总是要求自己按照礼数来生活，甚至不能有过分的想法。小曼一直都是一个不拘于世俗的人，王赓却一直想将她改变，希望她变得安分。

这样的生活只能让小曼更加苦闷，内心反感，抗拒。与徐志摩在一起，可以畅所欲言，没有压力，不用担心被人指责，被人说教。

恋爱中的徐志摩，为这个自己爱着的、纯洁、可爱的灵魂所受的苦而不平，要为她申冤，帮助她。他为她有这样的灵性和觉悟而惊讶和赞美，他鼓励她要"力争自己的人格"，要搏斗，寻找自己需要的生活和爱人。他灌输给她新的理念和思想，使她觉醒。小曼开始反思自己的生活，默默地忍受只能让自己更加痛苦，只有努力争取才会获得幸福。自己还有希望，只要敢于挑战世俗对女人的不公。

小曼不满意与王赓的婚姻，却不知道自己该怎么做，怎么样才能逃离这样的生活。徐志摩是上天派来的使者，为她指明前方黑暗的道路。她接受了西方的教育，知道自由的意义。女人应该有选择自己生活的权利，一辈子任人摆布就失去了生存的意义。

直到认识徐志摩，一切开始改变了。她恋爱了，于是烦恼与痛苦，也跟着一起来。

毕竟小曼是有夫之妇，丈夫还是徐志摩的朋友。他们的爱情注定不会被世俗容忍，快乐的同时充满了忧愁。世间多少爱情被世俗断送，他们的前途一片黑暗，似乎看不到光明。小曼的心还是痛的，比以前更痛。她，害怕，担心，这样快乐的日子会很快消失。她又回到昏暗的生活里，分不清白昼与黑夜。

第三章

芳心暗许，恨不相逢未嫁时

一世情缘，一见倾心

一世情缘，半生等待。伸手便可触及，那是幸运。时间在指缝中静静地流淌，等待亦是一件美事。茫茫人海，川流不息，每个人都在等待，机遇和缘分在时间里成长着。一个回眸，一场细雨，就能完美地呈现，紧紧地抓在手里，绽放在心间。

一个美丽多情的女子，一个才华横溢的诗人，一见钟情的命运早已注定。徐志摩看见小曼轻盈的身姿，在舞池中犹如一只美丽的蝴蝶。这一刻，他已经被深深地吸引。

心里一直惦记林徽因，那个让他肝肠寸断的女子。林徽因的才情、美丽无人能及，林徽因是徐志摩心中的女神。但是女神已经离开了他，只留下无限的遗憾和痛苦。徐志摩想开始新的生活，遗忘并不容易，这种女子世间罕见，又岂能轻易忘怀。

徐志摩一直苦苦挣扎，难以平复。徐志摩曾经因父母之命，与人结婚，一直过着相敬如宾的生活。徐志摩是留美派，自然是接受了西方先进思想的熏陶。他憎恨中国的封建礼教，那是捆绑人手脚和心灵的枷锁。只是身边的女人都是那么迂腐，她们不会为自己争取权利，结婚后总是唯唯诺诺地生活着，相夫教子，没有属于自己的世界。

直到徐志摩遇到林徽因，他仿佛发现了一个稀世珍宝。林徽因没有中国传统女性的软弱，她很坚强，自立，有自己的理想和抱负，才华横溢。这样的女子是多么难得，徐志摩就这样无可救药地爱上了林徽因。只是这位佳人最后离开了，永远地消失在徐志摩的世界里。她有自己的生活，已经成为别人的妻子，他要做的只有遗忘。

徐志摩还是决定与妻子离婚，因为他知道这样的婚姻是两个人的痛苦。他对自己的妻子说：你应该去勇敢地追求属于自己的幸福。我们俩现在就像是被绑在一起的蚂蚱，我们都不自由不幸福。离婚对我们俩都好，你可以找一个心灵契合的人一起过幸福的日子。

他要找一个与他相知相惜的女子，他们能够互相理解，相互欣赏，既是知已朋友，又是爱人。这样的女子一定要拥有美丽的容貌，博学多识，才华横溢。林徽因是这样的女子，他疯狂迷恋，真心喜爱。他以为自己会与林徽因成就一段传奇的佳话，那将多么令人欢心喜悦。而这锥心的痛，他没有料到。

小曼出现了，带着希望走进了他的生活，让他重新燃起了对生活的热情。小曼就是徐志摩心中理想的那个人，徐志摩觉得小曼就是上天给他的礼物，让他能够走出前一段感情的阴霾。阳光又一次洒进了他的世界，让他感受无比温馨。自从第一次看见小曼，徐志摩就知道他和小曼之间一定会有故事发生。一个人在另一人身上感受到美好，那就是爱情的前兆。

徐志摩完全被小曼迷住了，徐志摩说：弱水三千我只取她那一瓢饮。北京城里的千金小姐千千万，他非她不娶。为了得到她，他说：我有时真想拉你一同死去。我真的不贪恋这形式的生命，我只求一个同伴。这就是徐志摩真挚热烈的情感，他是真正为爱而活的人，不向世俗低头，勇敢地追求属于自己的幸福。

就是因为这样强烈的情感才成就了徐志摩与小曼之间的故事。他们都是生存在世间的一对痴人，可以为爱生，为爱死。他们的爱情比一般人更加艰难。前进的路上充满了险阻，他们退却过，但是没有放弃。小曼需要一次释放自我的机会，她想改变自己的生活。徐志摩就在此时出现给了她前进的勇气，小曼的出现坚定了徐志摩的爱情理想。他们就是这样彼此成为心灵的依靠，互相搀扶着走向爱情的终点。

徐志摩问小曼：我如果往虎穴里走，你能不跟着来吗？为了他们的恋爱，徐志摩什么都不怕。这是作为一个男人应有的担当，为了自己爱的女人，可以付出自己的一切。徐志摩的勇敢也激励着小曼，让她对这段感情坚定了的信心。她知道徐志摩一定会带给她幸福的生活，徐志摩是这个世界最懂她，最爱她的人。只要坚持下去，他们一定会得到想要的爱情，幸福的生活。

徐志摩说：别说得罪人，到必要时天地都得捣烂他哪！为了得到他的同伴，他做好了赴死的准备，这就是徐志摩的情感，热烈而执着。这就是诗人徐志摩。对于爱情执着得像一个倔强的孩子，只为自己的内心，不去忌讳那些世俗的道理。

爱情的力量是如此的伟大，轰轰烈烈，至死不渝。真正的爱情就是这样的不顾一切，世间有多少人面对爱情能够保持理性，一辈子总要疯狂地爱一次，这才不枉费来这世上走一遭。徐志摩和小曼都是这样思想，他们注定要在一起。我们惊叹爱情自私，同时又赞美着爱情的美好。看似矛盾的感情实则有其相通的地方，只是世人的出发点不同，站在不同的角度上，自然会看见不一样的结果，感受到不一样的情感。一个没有过错只是不懂怜香惜玉的男人，就那样无情地被抛弃了。那个抢走自己妻子的人还是自己信任的朋友，这是多么大的打击。王赓是个可怜的人，到最后还是爱着小曼，只是他自己知道他们之间的差距，根深蒂固的东西已经无法改变，所以他选择了放手。这样的决定是多么残酷，他没有办法，只能如此。看着自己的妻子投入别人的怀抱，自己无能为力，只能眼睁睁地看着这一切发生。

其实，王赓是一个可怜人，他的错只是找了一个性格不合的妻子。他的生活方式永远跟不上妻子的脚步，达不到她的标准。多少次他想申诉，自己很努力想给妻子更多的幸福。所以他日夜工作，几乎把自己变成了一个工作机器。结婚的时候，小曼的父母在很多人之中看中了他，把自己唯一的掌上明珠许配给了他。他的家境并不是多么殷实，比不上小曼家里显赫。他知道只有自己更加努力才能给小曼幸福，也能让陆家对他刮目相看。他是一个好男人，他的错就是遇上一个不适合自己的女人。

他的人生没有像预想的那么辉煌，小曼与徐志摩的事情对王赓来说是一个莫大的打击。自从知道他们的事情，王赓一直活在痛苦里，与小曼结婚三年也未能得一儿半女。王赓没有再娶别的女人，最后在国外一个人孤老终生。这就是他的命运，多么令人惋惜。华丽地出场，却那样暗淡地离开了。

人生没有假如，我们却可以幻想一万种可能。如果王赓没有娶小曼这个任性、娇惯的女人，他会与一个贤良淑德的女人结婚生子，幸福地生活，没有来自世俗的伤害与耻笑。他的人生会不会灿烂一些？又或许，小曼没有遇上徐志摩这样的诗人，他和小曼一直走下去，那么又会是怎样的光景？

时间就像是一个冷酷机器，没有感情，从来不会同情任何人，它一直严厉地注视着世间的一切，没有给过任何人重新选择的机会。每个人来到这个世界的时候手里都拿着一张单程车票，走在人生的十字路口只有一次选择的机会，只要选择了就再也没有机会回头，只能一直朝前走，直到生命终结的那一刻。

小曼与徐志摩的爱情之所以惊天动地，是因为他们可以为了爱情付出一切，伤害一切，只为他们能够永远地相爱。面对爱情他们热血沸腾，完全不顾忌身边的人。几千年的封建礼教不会在一瞬间坍塌，任何改变都是在潜移默化中渐变。他们却给了世人当头一棒，不是每个人都可以坦然地接受。他们的父母一定要忍受别人的白眼与讽刺，这样的事情必然会影响父母的声誉。作为知书达理，懂得人情世故的儿女怎么能容忍父母的颜面遭受诋毁。他们的内心一定是万般矛盾的，但是爱情的火焰烧毁了一切其他的顾忌。

他们是自私的，只想到了自己的幸福，看不到别人的痛苦。毕竟每个人生存于这个世界上，除了爱情还有责任、亲人、家族。他们抛弃了所有一切，只为寻找属于自己的人生。

他们又是勇敢的，不是所有的人都有勇气放下自己拥有的一切荣誉和地位。面对新的生活，未知的一切，没有人不畏惧。只有真正勇敢的人，才能走到最后，成为世人眼中的异类，受到世人诟病。

这个社会对女人的要求总是比男人严苛，小曼敢爱敢恨的性格造就了她前半生的辉煌，后半生的悲凉。

浓情爱意，彼此心知

梁山伯与祝英台缔造的爱情神话，一段痴恋可歌可泣，最终幻化成美丽的蝴蝶，自由生活于天地间。世间的美景皆随心而动，蝉鸣鸟叫，绿树红花，亭台楼阁都在某个瞬间里变得沁人心脾，色彩斑斓。没有丑恶，没有痛苦，只有美好，充满爱的世界里一切都变得与众不同，让人陶醉。

徐志摩总是找机会去王家看望小曼，他还不确定他们之间的未来，只是想多看这个女子几眼，就是这样纯粹的想法。

雾里看花总是美的，他在小曼幽幽的倩影里渐渐沉醉。

小曼对他有没有感情，他不是很清楚，只是觉得他们两个之间有谈不完的话题，愉快的气氛总是让他们忘记时间。每次能够看见小曼，徐志摩就会感到心情开阔，期待着下一次的见面。

王赓总是忙于工作，每当徐志摩邀请王赓参加聚会或者郊游。王赓总会说，工作忙啊，你让小曼陪你去吧，她也是个喜欢玩乐的人。徐志摩经常能够获得这样的机会。这或许就是缘分，上天的安排。没有单独相处的机会，徐志摩怎么会陷入热烈的爱恋，小曼怎么会向志摩倾吐衷肠。王赓给他们单独相处的机会，助长了他们爱情的种子在彼此的心中生根发芽。

孤男寡女在一起久了，难免互生情愫，更何况是才子佳人。王赓是一个君子，可以这么说。王赓把志摩和小曼当成两个贪玩的人，而且认为这两个人受过良好的教育，不会做出什么逾矩的事情。王赓对自己的好朋友和妻子充满了信任。加上小曼自从结婚以来一直过着没有白天黑夜的生活，有个人能够带给她快乐，让她远离社交，这也是一件好事。最后的结果王赓无法预料，只有承受无情的背叛与痛苦。

徐志摩带着小曼欣赏风景，参加各种宴会，在每一场流光溢彩的宴会里小曼心中装满了喜悦，她很喜欢这样的生活。有人陪伴，有人分享她的喜怒哀乐，她的美丽也不再寂寞。他所给予的，正是她深深渴望的。一场爱的火花，在两个人越来越深的相处中迸射得更加灿烂。

徐志摩给了小曼这样美好的生活，风花雪月没人可以抗拒。我们的诗人就有这样的魅力。尤其是小曼的这样的女人更是经受不了爱情的诱惑，她只能深陷其中，享受着纯净、简单的爱情。

爱情有一种神秘的力量，没有人能够了解其中的真谛与奥妙。无数的人为之疯狂，面对爱情，我们都是俘虏。多少人冲破束缚，只为拥有一段爱情，有人甚至付出自己的生命，承受着世人的唾骂。

爱情推动着人们执着地前进，不计后果，不惧险阻。不论世事如何变迁，爱情始终是人们赞美的佳话。当一个人走进你的心里，便掌控了你的情感，牵动着你的情愫。生根发芽，只为有一天繁花一片，姹紫嫣红。

小曼与徐志摩的爱情就是如此强烈，不计后果。只为奔赴一场华丽的人生盛宴。只为这一生能有这样一次灿烂。

徐志摩为了小曼可以放弃一切，违背自己的原则，背叛自己的朋友，什么都可以，只要能够拥有这个风华绝代的女子。有了小曼就像拥有了全世界，这是只属于徐志摩的世界。在这个独特的世界里，没有礼数，没有痛苦和挣扎，只有他和小曼的爱情。漫天繁星，闪烁着微微的光芒。徐志摩想，这就是他的梦想王国，小曼就是这个国度的王后，没有人比小曼更加高贵、美丽。恋爱中的人总是有太多美好的想象，梦幻也是爱情的一部分。脱离了现实，任何情感都是透明的，没有杂质，就像是清澈的湖水，可以看见鱼儿自由地游荡，水草像丝带一样翩翩起舞。当遭遇现实无情的冲击时，一切都会变化，支离破碎。

当初他们相识时，徐志摩已与前妻离婚，是自由身，而小曼却为婚姻所系绊，而且她的夫婿王赓也是上流社会有地位有前途的青年俊杰，然而她却遇到了徐志摩，"他那双放射神辉的眼睛照彻了我的肺腑，认明了我的隐痛，更用真挚的感情劝我不要再在骗人欺己中偷活，不要自己毁灭前程，他那种倾心相向的真情，才使我的生活转换了方向，而同时也就跌入恋爱了"。

徐志摩对小曼的影响巨大，以前小曼沉寂于痛苦之中，却没有勇气改变现有的一切。她，知道自己的命运不应该是这样的暗淡，没有希望。她却看不见黎明的曙光，看不见自己以后的道路。徐志摩的出现让她渐渐看清了自己，也找到了属于自己的人生方向。她知道徐志摩就是她的希望。每当徐志摩对她讲一些西方先进的思想时，小曼总是认真地聆听，仔细想着其中的道理。这就是一个精神导师的影响力，徐志摩就是带领小曼走出阴霾，突破自我的明灯。

爱情不是虚无缥缈的海市蜃楼，而是实实在在的感情。徐志摩给小曼讲了很多可歌可泣的爱情故事，多少男女为了爱情万劫不复。比起以前，当时的社会已经开明了许多。徐志摩告诉小曼，女人应该勇敢地追求自己的爱情与幸福。消极反抗不是解决痛苦的方式，一定要为了自己的人生努力争取，哪怕是与愚钝的世人为敌。

叶落北平，小曼的生活悄悄地发生着变化，小曼已经离不开徐志摩的开解和宽慰。小曼不清楚她对徐志摩的情感，只是觉得自己喜欢与徐志摩在一起，有了徐志摩的生活和以前不一样了。她开始盼望着天亮，盼望着每一次与徐志摩见面的机会。每次王赓没有时间的时候，都是他们两个人单独相处。小曼暗自感谢上天为她安排的这一切，让她在最苦闷的时候，遇见徐志摩这样一个人，一个不为权势，只为真情活着的男人。

小曼无数次幻想，自己没有与王赓结婚，这样她就可以等待志摩出现，他们俩可以永远在一起。这只是幻想，她知道自己现在的处境，已经没有机会再去拥有徐志摩这样的男人。她很苦恼，她想结束这种没有结果的感情。在一切都可以控制的时候，让自己可以全身而退。每当看见徐志摩真挚的表情，小曼又狠不下心来，毕竟这才是她真正的爱情。放弃徐志摩就像是往小曼的心上捅刀子，一刀一刀，她只能默默忍受，却无力反抗。

小曼不在乎别人的看法，她最担心自己的父母。他们是体面的人，陆家更是有头有脸的人家。她不想因为自己给父母的脸上抹黑，让祖宗跟着蒙羞。从古至今，陆家没有女人离婚的习俗。从一而终才是女人正统的命运，作为大家闺秀的小曼更是要遵守这样的礼教。她是懂的，从小到大，她没有做过让父母失望的事情。她是父母的掌上明珠，闪耀着绚烂的光芒。小曼一直是令父母骄傲的女儿，甚至自己的婚姻，小曼也没有违背父母的意愿。她，以为自己可以做得很好，就算是没有爱情的人，她也可以忍受。只要丈夫是一个有前途的男人，能为陆家带来荣耀，一切都是值得的。只是她没有想到，婚姻是如此一个令人无法隐藏自己真心的事情，越想掩盖自己的内心，越是不断地流露自己的喜怒哀乐。

小曼想过挽救自己的婚姻，也反思过，只是这些都收效甚微。刚结婚的时候，她想改变王赓，希望王赓能和她有一些共同的爱好，一些交集。但总是事与愿违，王赓永远也不会走进她的世界。她有时候会想，也许王赓并不喜欢自己的世界，想让他走进自己的世界，那是痴心妄想。她陷入失望之中……

改变自己去适应王赓，这是最后的挣扎。小曼想改变自己的性格，让自己能够变得和一般的闺秀一样，安心地相夫教子，传宗接代。只是一切都是自己想得过于简单，改变并不是那么容易。小曼发现自己的决定十分荒唐，如果一个人的性格那么容易改变，世界上就不会出现那么多怨偶。小曼只是一个普通的女人，她充满了小女人的情怀。她，消极反抗，总是让王赓摸不透她的心思。她不想再去努力什么，想尽办法挽救自己的婚姻，活跃于各种社交场所，发泄着自己的情绪，消磨时间。这是小曼过了很久的日子，可以逃避的生活还是充满美好的，毕竟还有一个逃避的藏身之处。这样就可以避免遍体鳞伤，最大限度地保护自己。

生活像是泉水叮咚，无时无刻不在累积，爱恨情仇沉睡在每个人的心里，最终都会到达极限，到那一刻任何事物都无法改变，只能爆发。小曼的痛苦与挣扎也在不断地积累，小曼知道自己有一天会倒下，无法再去维持这一段令她绝望的婚姻。小曼想到过千万种可能，结局在刹那间出现，只是不知道何时是尽头，那遥远的未来是悲是喜？

小曼没有想到拯救她灵魂的人来得这么快，有时候自己都不敢相信会有徐志摩这样的人走进自己的生活。从此，她已经停滞的生活开始有了变化。她逐渐有了反抗的勇气与决心。一味地妥协，只能让自己的生活陷入无限的纠结与痛苦之中。人活一世，一定要活的精彩，追求自我。她是受过现代教育的女子，她是新一代的女性，她要与命运对抗。

正是因为徐志摩对小曼的热爱，才使小曼走出婚姻，成为当时社会认为的不道德的女人。而事实上，小曼是先有与王赓的不和，才有与徐志摩的结合。她说："婚后一年多才稍微懂人事，明白两性的结合是不可以随便听凭别人安排的，在性情与思想上不能相谋而勉强结合是人世间最痛苦的一件事。"因此，小曼绝不是一个水性杨花、见异思迁的女人。她是一个情感的觉醒者，比起一般的女人，她不愿逆来顺受，她的个性和情感的觉醒使她走出婚姻，走向徐志摩。

这是一个女性真实、勇敢的体现。只是当时的社会无法容忍这样的女子。封建礼教下的女人只是男人的附属品，没有灵魂，没有思想。小曼这样的女人注定要被世俗疑惑，消融。小曼没有惧怕，只是勇敢地前进，走向自己理想的春天。徐志摩就是小曼看到的希望，她终于明白自己的思想不是遥远的梦想，是可以拥有的现实。不是所有的男人都喜欢追名逐利，看淡感情，至少徐志摩是一个真性情的人。

他对小曼说：让这伟大的灵魂的结合毁灭一切的阻碍，创造一切的价值，往前走吧，再也不必迟疑！可事情并不像徐志摩想象得那么容易，周围所有的人都来说服小曼，让她悬崖勒马。小曼知道前来劝阻的人都是怀着一颗想要拯救她的心，其实她是感动的，只是她只能选择属于自己的路。时间久了，小曼的心被两方的力量撕扯着，变得精疲力竭。

年迈的父母坚决反对她，所有的压力都朝着她扑来，有时候她真的灰心了，不想再争取了，她觉得自己没有足够的力量，社会和他人的压力太强大了。徐志摩一封封的信寄到小曼的手中，每接到徐志摩的信，小曼就会受到感动和鼓励；可父母和亲戚一逼迫，她就又软了下来，她真难啊！好难啊！在一个封建思想占主导的社会，除徐志摩外，没有一个人同情她、支持她，站在她一边，更没有一个人理解她。徐志摩让她勇猛地上进，可周围到处是铜墙铁壁，她怎样上进？怎样搏斗？她唯一的办法是拖延和坚持，挺住！徐志摩恨透了这可恶的道德、家庭和社会，他在《这是一个懦怯的世界》里写道："这是一个懦怯的世界：容不得恋爱，容不得恋爱！披散你的满头发，赤露你的一双脚；跟着我来，我的恋爱，抛弃这个世界，殉我们的恋爱！我拉着你的手，爱，你跟着我走；听凭荆棘把我们的脚心刺透，听凭冰雹劈破我们的头，你跟着我走，我拉着你的手，逃出了牢笼，恢复我们的自由！"

徐志摩对小曼的影响巨大，小曼的内心赞同徐志摩，只是强大的现实让她不知道如何自处，毕竟自己已经是别人的妻子，总是比不得那些未婚的青年，还有资格祈求幸福。压力使小曼喘不过气来，残酷的事实纠葛着她的心。

相爱容易，相守难……

浪漫情怀，女儿痴情

缘分来了，谁都无法逃避，只能面对。小曼爱上了徐志摩，她真切地感受到了自己内心的声音，一直在呐喊。窗外的风景已经变得暗淡，社交场上的热闹早已进不了小曼的眼。只有与徐志摩在一起才是真正的快乐。她要给徐志摩一份完整、热烈的爱情。

为了他给她的那一片纯洁的真情，小曼不能不还他整个的从来没有给过人的爱！他们这样情不自禁地抑制不住地相亲相爱、难舍难分。徐志摩赞美小曼道：像一朵高爽的葵花，对着和暖的阳光一瓣瓣地展露她的秘密。小曼快乐得像一个贪玩的小孩，每天跟在徐志摩的身后，快乐无比，满足异常。这是爱情的力量，爱情能让一个陷入痛苦的女人重新感受到幸福的滋味。一个懂得爱情真谛的人，都能在爱情之中获得极大的满足。

能够拥有徐志摩的爱情，是小曼毕生的荣幸。小曼没有后悔过，爱上徐志摩是她正确的选择。女人的心是最坚强也是最脆弱的。当女人爱上一个人的时候，那个人就是神，她们就是虔诚的信徒。对于这个令人崇拜的男人，女人只有无限的爱意与敬意。当一个女人开始变心的时候，外界任何的诱惑都会是致命一击。她们容易受到伤害，容易变得遍体鳞伤。有时候女人却像是斗士一般，保护着她们认为美好的事物。

徐志摩快乐得像雪花，他在献给小曼的诗中写道："那时我凭借我的身轻盈盈的，沾住了她的衣襟，贴近她柔波似的心胸／消溶，消溶，消溶／溶入了她柔波似的心胸！"正当他们快乐得像神仙一样时，他们的秘密被人发现了。家庭和社会都不谅解她和徐志摩的爱。

这是必然的结果，没有人会赞同他们之间的爱情。没有这样的先例，就算有也是寥寥无几，被世人诟病，没有立足之地。身边的亲人和朋友一致反对他们，徐志摩顶着巨大的压力。但是他没有退缩，为了小曼，他可以付出一切。这就是徐志摩坚强的信念，就是这颗坚强的心成为小曼与徐志摩爱情的催化剂，让他们之间难舍难分，没有谁能够阻止这两颗炽热的心。

小曼的丈夫王赓把小曼交给她的父母，小曼被父母像看管犯人一样看了起来，她不得离开家门半步，小曼再也见不到徐志摩，徐志摩更是无法见到小曼，一对鸳鸯就这样被拆散了，这是怎样的残忍。一对炽热的情人就这样被活活地分开了。

这是预想之中的事情，小曼的父母一定会尽力阻止这段不被世人祝福的情感。他们每天都游说，企图改变小曼的心意。他们对小曼讲出来其中的缘由，各种利害关系，希望小曼能够迷途知返。小曼有时候会动摇，毕竟她不是只为自己而活，她还有亲人，还有家族。她想到了自己的决定给这些人带来的冲击。母亲坚决反对，女人的名节是一生的荣耀。红杏出墙，一辈子都会抬不起头做人，这是母亲对小曼的肺腑之言。小曼不在意别人的看法，只要真实地活着。但是父母的清誉也会因为自己的自私毁于一旦，就是因为她这样的女儿。她陷入了沉思，父母也让她好好地思考，找出自己的错误，走向光明的道路。

小曼成了毫无自由的囚犯，家庭给她施加的压力和恐吓使她身心俱疲。小曼恨父母不理解自己，也无力与整个家族和社会对抗，这时她痛苦灰心极了。干什么都没有意思了，走路也无力气了，活着还有什么快乐可言？徐志摩见不着小曼，只能通过写信与她沟通，并支持她。虽无法见面，但徐志摩决心已定，他不相信通过奋斗爱而不得，因此他在一封封的信中吐露真情，鼓励小曼。

有了徐志摩的鼓励小曼变得坚强起来，她不要再摇摆下去。如果她放弃徐志摩就是放弃了这么多年来的希望，生活又会回到从前。她还是那么寂寞，就连秋叶落地的声音她都能听见，她害怕那样的清净。每日在社交场上与那些与自己一样无聊的人一起，没有任何精神上的享受，只有空无的笑声与快乐。

想到这些，小曼决定不再犹豫，她明白自己的心，她是爱徐志摩的，所以她要与徐志摩在一起，相爱的人应该一起生活。不断地迟疑或许会让徐志摩受到伤害，这是小曼内心的担忧。徐志摩的感情那么热烈，令人无法抗拒，他一定是从内心深处爱着自己。小曼十分欣慰，她已经是一个没有自由的女人，别人的妻子，能够得到这样的爱情是小曼没有料想到的。她以为自己到死都难以享受到爱情，只能凄凉地活在这个世界上。徐志摩的出现就像是冬日里的一股暖风，怎能不让人珍爱万分？

用现代的眼光看小曼，她只是一个有勇气，毫不伪饰，敢于追求个人幸福的真女子，最平常不过。用当时的眼光，如果宽容些的话，她也只不过是抛头露面的另类女子。世间万物都在变化之中，都有一个过程，小曼就是那些走在改革前沿的女性。棒打出头鸟，她注定要被世人看作不甘寂寞、行为放荡的女人。

小曼的不幸并不在于社会把她看成一个不贞的女子，而是因为她和徐志摩，还有他们的朋友都蔑视假道学家。就算是被社会上的各种维护社会礼教的人谩骂，甚至诋毁，小曼也没有害怕，她早已经做好了被世人伤害的准备。她想通过这次的反抗能够换得后半生的幸福生活。这是她的希望，而且她知道这一切都会实现。徐志摩让小曼看到了希望，他是一个值得信任的人。面对外界的阻力，他从来都没有退缩，一直在鼓励自己，激发她的信心。

小曼并不是一个水性杨花的女人，她若真是这样的女人也不会受到这么多人的喜欢。每个人的标准都不一样，不是所有的人都是这般容不下小曼。小曼的不幸是在徐志摩的眼中她不是一个贤妻良母。她的罪过在于，她没有给徐志摩生下一儿半女，而这是徐志摩在乎和希望的。还在于她没有全心全意地为徐志摩服务，没有用徐志摩的事就是她的事的态度对待徐志摩，因此男人觉得她可恶，不是一个好女人。徐志摩的心又是向着谁呢？

她的后半生坐实了骂名，人们可以找到各种借口侮辱小曼。毕竟她是一个离过婚，背叛丈夫不洁的女人。千辛万苦与徐志摩结婚，却也是幸福短暂，一生没有儿女。这也是一个女人的悲哀，也成了被世人谩骂的借口。

小曼真切地爱上了徐志摩，她明白自己的心。她决定与徐志摩相守一生，这是她此刻最坚定的信念。小曼也真挚、热情地爱上了徐志摩。就算是放弃一切，小曼也要给自己的爱情一个完美的结局。一路走来，小曼几乎没有为任何事情这般徘徊过。爱情就这样来了，在小曼完全没有防备的情况下，一定是上天的安排。小曼感激上天的眷恋。徐志摩就是她此生最大的礼物。

爱就爱上吧，徐志摩是一个值得深爱的男人……

摇摆不定，愁云惨淡

压力遮天蔽日地袭来，没有人可以安然度日，怀揣着希望，等待着幸福的到来。黎明前的黑暗让人找不到前进的道路，小桥流水，薄薄的烟雾笼罩着平静的湖面，看不清，摸不透，只有等待才是最真实的感受。何去何从，还不见分晓。

徐志摩遭受到前所未有的压力，他与前妻离婚之时，父母颇为反对，认为徐志摩是瞎胡闹。现在竟然要娶一个有夫之妇，父母已经到忍耐的极限。他们是绝对不可能接受小曼这样一个背叛丈夫的女人走进自己家的大门的。他们认为这是莫大的耻辱，只是儿子的坚持，老两口已经不知道该如何劝阻。

徐志摩的父母想尽了办法让其放弃这个他们认为近乎可怕的念头，告诉他这是自毁前途的表现。他的朋友们都很开明，认为爱情是值得争取的。但是王赓也是无辜的人，无端被人扣上一顶"绿帽子"，未免有些无辜。有人赞同，有人唾弃。当时的徐志摩已经身心俱疲，但是他还是无法放弃这段爱情。阻力越大，徐志摩越觉得他们的爱情伟大。多少人为了爱情不惜飞蛾扑火。他不能做一个懦弱的男人，他要为小曼遮风挡雨。

正当徐志摩走投无路、愤恨不已的时候，他收到印度著名诗人泰戈尔的助手恩厚之从南美发来的信，说泰戈尔近来身体欠佳，在病中牵挂着徐志摩，希望他能到意大利与病中的老诗人相会，安慰老诗人。收到信后，徐志摩非常激动和着急，他把这一消息告诉了老大哥胡适，胡适鉴于他目前尴尬、痛苦的处境，劝他最好借此机会出去走走。他劝他说：徐志摩，你该了解你自己，你并不是什么不可撼动的大天才。安乐恬逸的生活是害人的，再像这样胡闹下去，要不了两年，你的笔尖上再也没有光芒，你的心再也没有新鲜的跳动，那时你就完了。你还年轻，应该出去走走，重新在与大文学家大艺术家的接触中汲取营养，让自己再增加一些作诗的灵感，让自己的精神和知识来一个"散拿吐谨"。徐志摩想，事实就是这样，眼前靠他的勇气和胆量于事无补，反而给小曼增加更大的压力，不如先退一步。

分别就在眼前，徐志摩对小曼万般不舍。自从与小曼相遇，他们之间经历了太多的甜蜜与痛苦。面对离别一切都是幸福的回忆，徐志摩沉醉于这样的美好之中。就算是离别也要再见一面，这是恋人之间最甜美的约会。徐志摩与小曼想尽办法，挣脱双方的束缚。他们已经很少见面，只能依靠书信表达彼此的思念。

终于得以相见，小曼带着幸福与痛苦对徐志摩说："虽然我舍不得你走，你不在我说不定会被他们逼疯，我也会感到势单力薄，但我不会妨碍你的前途，你这次出去游历，和大诗人在一起，肯定会对你的才艺有极大的促进作用。再说，这样的环境，你在，可能更糟糕，他们会防得更紧，不如你先离开，让我与他们周旋斗争，也让时间考验一下我们的情感，看看能不能忘掉对方。"

这是一段看似理智的对话，也是他们唯一的选择、折中的处理方式，希望这种方式能将对所有人的伤害降到最低。人生有千万种可能，或许在徐志摩离开的这段时间一切都会发生变化，小曼是这样想的。短暂的痛苦却可以换来长久的平静，她不愿再看见徐志摩为了她受到大家的谴责、家庭的责罚。她不想让自己变成伤害徐志摩的利器，不想让徐志摩从此一蹶不振，将他的才华就此埋没。小曼的父母也对小曼讲了一些道理，无非就是女人的命运在结婚的时候就已经注定。王赓是一个不错的青年，小曼应该依靠这样的男人，陆家需要这样的女婿。徐志摩只不过是一个文人，他没有雄才伟略，没有他们希望的前途。他们明白要是小曼放弃了王赓与徐志摩在一起，不仅他们陆家的名誉会受到影响，陆家的前途和地位更会受到巨大的影响。父母劝小曼冷静地思考，爱情毕竟是一个虚幻的东西，她与徐志摩爱情的前途更是一个未知数。

他们真的需要一段时间冷静下来，仔细地思考他们之间的关系。面对这次抉择，他们将会失去什么、得到什么。或许他们之间的爱情经不起时间的考验，夭折于摇篮之中，也未可知。理智让他们放慢了脚步，作为一个有行为能力的成年人，他们必须为自己的行为负责。他们的决定影响着身边很多人的幸福与生活，这种慎重必不可少。

　　面对分离，谁又能冷静面对？徐志摩一个男子尚且伤痛，何况一个柔弱的女子。在为徐志摩饯行的酒宴上，小曼非常痛苦，表现得很不理性，相爱的人被强行分离，就如同从她身上撕她的肉，这份难受只有当事人感受深刻，于是她只有借酒消愁。俗话说借酒消愁，愁更愁。但是除了用酒麻醉自己，小曼想不到其他的方式能够让自己脱离痛苦的纠缠。她只想用酒精麻醉自己的神经，让自己不再那么沉痛。

　　那天小曼喝醉了，别人劝她不要再喝了，但痛苦的小曼接连叫着：我不是醉，我只是难受，只是心里苦。徐志摩看在眼中，痛在心里。小曼的话一声声像钢铁锥子刺着徐志摩的心。愤、慨、恨、急的各种情绪就像潮水似的涌上了心头。

　　徐志摩真想带着小曼离开这个充满束缚的地方，海阔凭鱼跃，天高任鸟飞，徐志摩可以带着小曼去国外生活，摆脱这里的一切。看到小曼，他心疼极了。那时徐志摩就觉得什么都不怕，勇气比天还高，比海还深，只要小曼一句话，徐志摩什么事情都可做到！为小曼可以抛弃一切。为小曼徐志摩不会顾忌什么性命与名誉。但是小曼只是哭泣，没有任何要求。

　　看着痛苦的小曼一阵阵地呻吟和挣扎："顶好是醉死了完事"，看着阻碍他们结合的人们，徐志摩的肝肠寸寸地断了，他太痛苦了，可在这些人面前他却不能说不能动，只能忍受。他们之间的爱情毕竟不是光明正大的。徐志摩看着这种场面比自己的伤痛还要令人难以忍受，不仅仅是痛苦还有无限的煎熬。作为一个深爱小曼的人，怎么能够容忍这样的伤痛发生在心爱的女人身上。看着痛苦围绕着小曼，徐志摩心如刀绞。

他觉得好恨啊，为什么相爱的人反而成为罪人，而那些并不理解小曼的人倒成了审判者。他们只隔着一张桌子，痛苦的小曼需要他，他知道他的眉儿的心坎儿直嚷着：我冷呀，我要你的热胸膛偎着我；我痛呀，我想要你搂着我让我减轻痛苦；我倦呀，我要在他的手臂内得到我最向往的安息与舒服！但是实际上徐志摩只能在旁边站着看。这样生离的场面怎能让人不为之同情、落泪？

阻力、压力更坚定了他们爱的决心，饭局后徐志摩写信给小曼说：想你，疼你，安慰你，爱你。我人虽走，我的心不离开你，要知道在我与你的中间有的是无形的精神线，彼此的悲欢喜怒此后是相通的，你信不信？他鼓励小曼：你这回冲锋上去吧，死了也是成功！有我在这里，放大胆子，上前去吧，彼此不要辜负了。……天下没有不可能的事只要你有信心，有勇气，腔子里有热血，灵魂里有真爱。我的孤注就押在你的身上了！再如失望，我的生机也该灭绝了。

徐志摩的信，言辞恳切，让小曼感动不已。就在这个秋天，徐志摩离开了北京，去了遥远的国度。小曼一个人与世俗对抗，她不知道自己能够得一个怎样的结果，不论是怎样的艰难，她都要努力下去。只要他们的爱情经得起时间的考验，她就无怨无悔。

两情相悦，彼岸花开

曾经沧海难为水，除却巫山不是云。经历过大海的波澜壮阔，就不会再为别处的水所吸引。陶醉过巫山的云雨梦幻，别处的风景就不会觉得震撼了。有的人出现的那一刻，便已走进了你的心。一世传奇，抑或，一场灾难，不可避免。

初次与徐志摩相见，他的眼神就深深地吸引了小曼。他的目光照进看小曼的肺腑，看穿了小曼的辛酸。徐志摩在外留学多年，是见过世面的男人。在他心中，男人和女人一样都有追求幸福的权利。国外的女人并不像中国的女人那么身不由己。像小曼这样的女人受过西式教育，心中必然有着一颗炽热的心。面对父母之命、媒妁之言的婚姻自然反感。徐志摩遇到过很多婚姻不幸福的女人，经常与她们交流。他发现很多女人都才华横溢，却在深闺之中埋没了才华，葬送了青春。

徐志摩是一个诗人，他懂得怜香惜玉。女人的心思细腻、脆弱。只有遇上真正情投意合的人才能受到呵护；否则女人就如同娇美的花朵，虽然美丽，但是过了花期就会腐烂在泥土里。徐志摩第一次看见小曼就有好感，活泼可爱，天真烂漫，一点也不像一个已婚女人，活脱脱就是一个少女。优美的舞姿，得体的谈吐，一看便是名门闺秀，淑女佳人。徐志摩找机会与小曼交谈，才发现她是真性情，博学多识，他们交谈甚欢。

恨不相逢未嫁时啊，徐志摩总是这样感慨。若是他能早早与小曼相见，今日或许已经佳偶天成，成就一段才子佳人的美谈。现在一切都为时晚矣，小曼是王赓的妻子，这是不可改变的事实。徐志摩知道他的爱情或许又是一场空，但是付出的感情已经难以收回。他只能这样爱着这个令人魂牵梦萦的女子。

经常出入王家，与小曼见面的机会逐渐多起来。徐志摩总是寻找各种机会进入王家，徐志摩与王赓同是留美派，有一些交情。王赓对徐志摩充满了敬佩之意。当时徐志摩已经在文人墨客之中有了一些名气，王赓也十分欣赏徐志摩的才情。他们之间却走着不同的道路，徐志摩是文学名人，致力于学问。王赓走上了仕途，追名逐利，也受到上流社会达官贵人的器重，前途不可限量。

王赓是一个忙人，经常有公务在身。陪伴妻子的时间并不富足，更何况是自己的朋友。小曼与徐志摩有了很多单独相处的机会，徐志摩对小曼的了解进一步加深。他知道小曼的婚姻生活并不幸福，小曼与王赓是两种不同的人。他们之间的隔阂不是一两天能够消除的，几乎是个死结。小曼这么热情的女子受不了冷落，王赓这样的青年才俊不可能沉迷于女人的闺房中。奋斗是王赓生活的主题，只要是关于仕途的一切都是大事，其他的在他看来都是琐事。

小曼忍受不了这样的孤寂，她希望有人陪伴，看尽世间美景，共度青春年华。等渐渐老去之后已然可以回味曾经的幸福，这是女人最单纯的想法。时间是王赓最宝贵的东西，小曼天真烂漫的想法，在这种胸怀大志的男人面前就是浮尘，不值一提，只有实实在在的金钱和权力才能入王赓的眼。王赓正是少年得志的时候，他只能更加努力变成更好的青年。小曼在他眼中只是一个爱胡闹的孩子，他可以娇惯她，容忍她。王赓认为随着时间的推移，小曼会逐渐成熟起来。女人一旦变成母亲就会处处为家庭和孩子着想，那些虚无的、幼稚的想法也会逐渐褪去。王赓一直等待着小曼蜕变的那一天，只是他没有想到，还没有等到小曼改变的那一天，她就遇见了徐志摩，两个人不顾一切要在一起，将他一切的希望全都捏得粉碎。

小曼把徐志摩当成自己的救命稻草，知己朋友。初次遇见徐志摩，她就知道这个男人与众不同。那时候小有名气的徐志摩已经写了很多诗句，小曼偶尔也拜读。从徐志摩的诗里流露出的热情，每每都将小曼感动。看见徐志摩的时候，小曼觉得有一种似曾相识的感觉，或许是徐志摩的诗句看多了，心里已经有了他的影子。小曼在舞池中翩翩起舞的时候，不时向徐志摩的方向看上几眼。她发现徐志摩一直彬彬有礼，举止大方，他有时与一些名流谈笑风生，有时安静地坐在角落里品着红酒。

终于有机会认识了徐志摩，他还是王赓的好朋友，这样她就与徐志摩有了更多接触的机会。每到夏天，小曼的应酬最多，她在家里待不了。总是在外面疯玩，过着奢靡的生活。因为小曼的生活方式，王赓不知道说了多少次。小曼依然故我，根本没有改变。小曼身边有很多女人都是这样生活，若是小曼一个人那还有什么乐趣。小曼身边有无数个这样的女子，每天纸醉金迷，听戏、吃饭、捧戏子。有时候还会闹事，这是王赓最害怕的。他不想成为笑柄，更不想因为这些无聊的事情影响自己的名声与前途。

小曼并不这样认为，任性惯了的她，根本就不会把王赓的话放在心上。她本身就是一个名媛，即便是结了婚，这个事实也不能改变。她要快乐地生活着，至少在这些时候，她能够活出真实的自我。徐志摩的到来仿佛改变了小曼的习性。徐志摩来王家的时间越来越多了，总是隔三岔五就能看见他。王赓的工作很忙，一直都是小曼陪着徐志摩。小曼有意无意地疏远了社交圈，她想多一些时间与徐志摩在一起。社交场上的欢乐只是一时的痛快，与徐志摩在一起是整个灵魂的放松。

看到小曼出去的时间少了，王赓知道是徐志摩开导的结果。王赓知道徐志摩的性格与小曼极易相处，而且徐志摩是一个有思想的人，一定会带领小曼走上贤妻良母的正途，慢慢远离那些腐朽的气氛。小曼身体和精神都会慢慢好起来，过上正常女人的生活。他也赞成小曼与徐志摩单独相处，希望一切都能向着好的方向发展。

人算不如天算，事情终究不像王赓想的那么美好。徐志摩是开导了小曼，却是朝着离王赓越来越远的方向。小曼本就有一颗蠢蠢欲动的心，加上徐志摩的指引更加不安分起来。她以前就在心里期盼一个美丽的梦。徐志摩出现后，她发现爱情不是小说里的剧情，不是镜花水月，可以通过努力拥有幸福。徐志摩就是那个她心中一直所想的男人，不重名利，重情义。徐志摩拥有诗人特有的浪漫气质，每次与徐志摩单独相处都是一种享受。徐志摩每次都能让小曼有一种耳目一新的感觉，就像是一个宝盒，每一层都充满了神奇。女人对男人的爱情第一步就是好奇，在小曼的心中徐志摩就是一个充满神秘感的男人。他的思想，他的谈吐，博古通今，文采一流。小曼用敬仰的眼光，看待徐志摩。

小曼将心中的委屈告诉徐志摩。徐志摩已经看出了小曼与王赓之间的问题。他让小曼放宽心情，好好生活。小曼的痛苦却是愈演愈烈，时常在徐志摩面前流泪，她说自己就像是一只被关在笼子里的小鸟，每天看着主人的脸色度日。她就是一个被别人圈养的宠物，一刻都没为自己活过。爱情就是天上的月亮，只能远远地看着，绝对不可能拥有。小曼羡慕那些小说、故事里的女人，虽然结局不一定完美，但是她们毕竟曾经为自己活过，轰轰烈烈地爱过。而她知道自己没有这样的机遇。徐志摩宽慰小曼，若真是如此痛苦，不如反抗吧。为自己的幸福努力一把，不论成败，此生也不会后悔。

　　徐志摩对小曼说，你是一个绝世的好女子，美丽大方，多才多艺。你应该拥有自己的爱情，自己的生活。我支持你，我希望你能找到自己的幸福。而且我相信，你终有一天会美梦成真，自由地生活在天地间，将你的才华挥洒，为世人留下美丽的篇章。

　　小曼静静地思考徐志摩对自己鼓励的话语，恍然大悟。是啊，还有时间，人生才刚刚开始，应该为自己争取。小曼想到如何去努力便灰心了，自己一个人如何孤军奋战，没有目的地，如何出发？终究是一个女子，一个人终究没有办法踏出一条违背世俗的道路。

　　这样的想法也实属正常，小曼毕竟是名门闺秀，知书达理。就算是接受西式教育，中国女性身上的弱点还是没有办法完全剔除。徐志摩知道了小曼的心思，他愿意与小曼站在同一条战线上抗争。徐志摩对小曼说，自从看见你的第一眼，就知道你与众不同，不可多得。我已经深深地爱上了你，你愿意成为我的女神吗？小曼感动得落泪，她没有想到竟与徐志摩有这样的缘分。

　　当你爱着一个人的时候，那个人也深深地爱上了你，这是一件多么幸福的事情。小曼陶醉在徐志摩的柔情之中，这是她一直以来梦想的境况。小曼想这一定是上天给她的机会，让她脱离苦海，成为幸福的女人。徐志摩告诉小曼，为了他们的爱情，他可以放弃一切，甚至生命。小曼是他爱情的终点，一切都是上天的旨意。在他最痛苦失落的时候，小曼就像天使一样出现在他的生命里，那么灿烂，光彩夺目，为他的生活带来了阳光和希望。

他一定要珍惜小曼，如同自己的生命。遇上这样的爱情是一辈子的幸运，一个诗人如果没有爱情的浇灌，一定会变成一堆干骨，没有血肉，没有灵性，只有堆积如山的文字，却不能变成一首感人肺腑的诗句。作为诗人的徐志摩，需要小曼这样的女人成就自己的柔情。她就这样出现了，在他毫无防备的情况下，住进了他的心里。就算是落下夺人所爱的骂名，徐志摩也要将自己真心付出，绝不后悔。

小曼掉入混沌的深渊无法自拔，过着没有自我的生活，这时候徐志摩出现了，将她拉进了现实的生活，并给了她希望和爱情。小曼想起徐志摩对自己的种种好，不禁羞答答地笑了起来。王赓从来没有让小曼有这样忘我的情怀，只有徐志摩才是与小曼心灵契合的那个人。

爱情是两个人的世界，只有彼此倾注情感才能长久。一方的执着只能维持一时，不能拥有一世。能够拴住人心的东西唯有感情，任何事物都无法取代。小曼与徐志摩已经深深地相爱，谁都没有办法阻止爱情的前进。知道彼此的心意后，小曼与徐志摩进入了甜蜜期，徐志摩与小曼单独见面的机会更多了，他们真的谈天说地，好不畅快。

天下没有不透风的墙，何况是他们之间如此炙热的情感。身边的朋友，包括王赓开始察觉他们之间的感情。一场争取爱情的战斗慢慢地拉开序幕……

斯人憔悴，独为一人

那是一个离别的夜晚，皎洁的月儿挂在天空，发出银白色的光芒。嘈杂的车站，来来往往的人群，身边的一切都像空气一样流过小曼的身边。她失魂落魄，仿佛行尸走肉般跟随着送别的队伍。她是最痛的那个人，心如刀绞。落寞伤痛的心，寂静冷清的夜，离愁别绪慢慢飘散。

小曼想哭，自己心爱的人即将离自己远去，她想走过去与徐志摩再说上几句，却怎么也开不了口。她怕自己无意间将自己的真心流露。抑制不住泪水。看着众多朋友对徐志摩说着离别赠言，那样依依不舍。小曼还要佯装着嘻嘻哈哈，不想让任何人看见自己的眼泪，这样的场合小曼知道一定要顾及自己的身份，一个有夫之妇，徐志摩朋友的妻子。所以，她不能太过悲伤。

她看出来徐志摩的悲伤，徐志摩总是有意无意地看着自己，那是心疼的眼神。眼睛是心灵的窗口，两个相爱的人，彼此对视流露出的一定是柔情。小曼知道徐志摩的心也很痛，离开也是无奈之举。车就要开动了，徐志摩走上前来与她握手告别，她发现他眼含热泪地看着她，她也只能泪汪汪地看着他说一句：一路顺风。

千言万语也难以将此刻的心情表达，唯有把所有情感都深深埋葬。今日的离别是为了以后长久的相聚，他们若是熬过了这些离别的日子，或许就能看见晴天。抱着这样的希望，小曼用泪水送别徐志摩，等待着徐志摩再次出现，美好的日子也就来临了，那时候他们之间就将没有任何阻碍，神仙眷侣般生活在一起。

车开动了，小曼眼前好像有一层东西隔着，慢慢地连人影都不见了，心里也说不出是什么滋味，好像她的心被徐志摩带走了，没有一点知觉，一直等到耳边有人对她说：不要看了，车走远了。她才像从梦中醒来似的，回头看见大家都在向她笑，她才很无味地回头就走。她回到家里，走进屋子，四面都露出一种冷清的静，仿佛时间都停滞了，一切都悄无声息。她坐到书桌前，看着他给她的信、东西、日记，她拿在手里发怔，不敢去看，也不想开口，只是呆坐着也不知道自己要做点什么才好。

徐志摩这一走便是半年，小曼从送别那一刻开始便开始思念。漫无边际的思念萦绕在心间，她不知道自己如何度过以后漫长的日日夜夜。小曼一遍遍地看着以前徐志摩写给她的信和诗，感受着徐志摩炙热的情感。她愿意保护徐志摩这份纯真的情感，就留她一个人与世俗抗争。

徐志摩的感情之路这么坎坷，坐在去西伯利亚的火车上，徐志摩倍感孤苦。曾经他花了四年时间苦苦地追求林徽因，那时候的他把自己后半生的幸福都放在了林徽因身上。林徽因是一个难得的奇女子，她的好几天几夜都说不完。这样的女子已经离自己远去，他只有默默地祝福。林徽因是绝情的，一点机会都没有给他。

追求林徽因的四年，徐志摩像一个多情的青年，用尽各种办法向自己心爱的女子献殷勤。徐志摩以为终有一天林徽因一定会被自己感动，结果却以伤心落幕。林徽因已经成为别人的妻子，而且婚姻幸福美满。他知道自己已经没有任何机会。就在自己最痛苦，仿佛掉进十八层地狱的时候，小曼出现了，她就像一只灵动的蝴蝶，美丽得令所有人注目。无论在什么地方小曼总是可以吸引所有人的目光。小曼知书达理，是一个性情中人。徐志摩喜欢有个性、有思想的女人，他觉得小曼就是这样的女人。小曼就是他苦苦寻找的灵魂伴侣，从看见小曼的第一眼徐志摩就知道小曼就是那个能够带给他爱情的女人。

天意弄人，与小曼相遇之时，小曼已为人妇。这使他们的爱情充满了险阻，徐志摩的感情之路如此坎坷，让他倍感心酸。但是他知道今生要是错过小曼，他将会遗憾终身。就算在异国他乡，他也要时时想着小曼，让自己的思念穿越千山万水温暖小曼的心。寒风凄厉、冰天雪地的西伯利亚，让徐志摩感到孤独、可怜。他对小曼的思念恰与西伯利亚的寒冷相互呼应。

冰冷的天气只有他那颗心是火热的，冰雪也无法将他的心冻结。离别只能将他心中的爱火点得更亮。离开小曼的日子里，徐志摩受尽了相思的煎熬。这次分离坚定了他对小曼的爱，时间只是坚固了他们之间的爱情，并不能消减分毫。

他一天一封热情的快信，诉说他对她的爱与思念。鼓励小曼一定要努力，斗争到底。为了他们的爱，经历什么痛苦、折磨都值得，他在心中期盼着未来的胜利，期盼着小曼的苦斗，期盼有个好结果。只要能和小曼光明正大地走在一起，徐志摩便心满意足，此生无憾了。徐志摩给予小曼信心与勇气，虽然他现在身处异地，但是他的心永远与小曼在一起。那不是一个人的抗争，他时刻都在小曼身边。只要小曼能够坚持下去，他一定要给小曼一个完美的爱情。

小曼的处境变得更加艰难，这是必然的结果。王赓升官了，不仅王家高兴，小曼的父母也对王赓褒奖有加。他们没有看错王赓，他的确是一个有前途的青年。小曼随着王赓去了上海，徐志摩已经远去西伯利亚，王赓想让小曼借此机会换个生活环境，或许一切都会成为过眼烟云。小曼是他的妻子，他想挽救自己的婚姻。小曼的父母和王赓都想通过这次远迁上海，让一切不开心的往事都随风飘散。

　　离开触景生情的地方，远离心生爱意的人，这一切都可以慢慢回到原来的轨迹。这是普通人的想法，也是一般事物发展的规律。事情却没有朝着人们预想的方向发展，小曼对徐志摩的思念与爱意丝毫也没有因为分离而减弱。徐志摩写给小曼的信一直鼓励着她，让她有了继续与世俗对抗的勇气。徐志摩只需要对抗自己的内心，小曼却要对抗所有的人。

　　那种年代，一个女人走上离婚的道路是多么困难的事情。亲朋好友都来劝阻小曼，告诉小曼离婚的想法非常可怕。分析了各种利害关系，小曼开始胆怯了。她摇摆不定，不知如何是好。社会与家庭的压力那么强大，她看不见前方的路。她想过要放弃，这样的斗争太艰难了。作为一个名门闺秀，不知道被多少双眼睛看着。被人们放在心里是一种荣耀，这是作为名媛的成功。小曼走到哪里都是焦点，她一直以来都是这般骄傲。可如今，这种绚烂却变成了杀她、伤她的利剑。

　　徐志摩要她战斗，为他们的爱情争取一条生路。勇于面对世俗的眼光，敢于承担一切唾骂。这些都是浮世中的幻象，总有一天会消失。只有爱情是最纯净的天空，永恒的美丽。徐志摩许给小曼一个灿若星辰的未来，这是所有女人都会贪恋的凡尘。

没有人会奢望一个不得而知的天堂，喜爱是因为知道，只要拥有就会幸福。与徐志摩相处的日子里，小曼感受到了从未有过的触动。爱情可以让人生，亦可让人死。每每想起两个人在一起的欢乐时刻，小曼便不能自已，甜甜地微笑。他们在一起的每时每刻都值得回忆，值得留恋。欢乐与悲伤就是一个逆转的过程，想起现在的处境，小曼又是痛苦万分，以泪洗面。

现在她才感到事态的严重，感到自己势单力薄，她后悔让徐志摩出国，她需要与徐志摩一起斗争，需要徐志摩的力量和爱，她感到自己好难好难。好比黑夜里舟行大海，四面空阔无边，前途又是茫茫的不知何日才能到达目的地，天空随时都会刮起云雾，吹起狂风，降下骤雨，将船打碎沉没海底永无出头之日。小曼总是会做这样的噩梦，她很害怕，她担心自己永远沉沦在这不死不活的境况之中，无力挣扎，无心生活，不知道何去何从。一边是自己的挚爱，一边是亲人朋友，不论是谁都难以抉择。

也许就能在黑雾中走出个光明的月亮，送给黑沉沉的大海一片雪白的光亮，照出到达目的地去的方向。所以，看起来一切还需命运来帮忙，人的力量是很有限的，这是她真实的心理。她虽有信心，但阻力、压力太大，吉凶未卜，她不知未来到底怎样。一个名媛淑女的婚姻容不得污点，否则定会受到世人的唾骂。小曼深知这些道理，苦苦挣扎，自己与自己的战争最艰难，说服自己做一个别人眼中的异类、不守妇道的女人，这需要莫大的勇气。

徐志摩走后不久的一个日子，她在亲戚家应酬，亲戚为她闹离婚的事奚落了她半天，她受到那些不理解她的人的侮辱，回到家中情绪一落千丈。究竟自己的选择是对还是错？现在她已经全然不知了，徐志摩认为他们之间的爱情那么神圣，那一定是正确的。除了徐志摩身边的人都认为她极其错误。现在怎么办？小曼不知道。她与徐志摩的事情一定不会这么简单地结束。徐志摩远在异国他乡，冥冥之中她仍然能够感受到徐志摩的坚持与温情。

如果徐志摩能够陪伴着她该有多好，就算是冰天雪地也倍感温暖。别人的刀剑伤不了她，只要徐志摩守在她的身旁，陪她经历风风雨雨。花儿依旧开得那样艳丽，只是冷月之下，花儿也失去了往日的气质，只留下冰冷的感伤。

小曼在日记中写道：我真恨，恨天也不怜我，你我已无缘，又何必使我们相见，且相见而又在这个时候，一无办法的时候？在这情况之下真用得着那句"恨不相逢未嫁时"的诗了。现在叫我进退两难，丢去你不忍心，接受你又办不到，怎不叫我活活地恨死！难道这也是所谓天数吗？小曼每天在这样心神不定的折磨中度日。作为一个名媛，要接触各种人，现在，大家都用一种特殊的眼光，也许是轻蔑的眼光看她，让她怎样在社会上做人？

往日的光彩，别人羡慕的眼光，一时间变成了讥讽与嘲笑，让人情何以堪。阔太小姐们将往日的嫉妒完全爆发出来，私下里用尽各种诋毁的语言侮辱小曼。还有一些则是开明的女人，她们敬佩小曼的勇气，却不赞同小曼张扬的性格。女人太过招摇总归会受到伤害，小曼就是这样的女人。众说纷纭，贬责的声音充斥着小曼的世界。

……

煎熬煎熬，引无数忧愁空伤情，何时才是头？

第四章

缘定三生，绚烂花期为君开

绝处逢生，柳暗花明

自徐志摩走后，痛苦、思念一直伴随着小曼。她后悔让徐志摩出国，现在独独就剩下她一个人孤军奋战。压力，阻力布满了小曼前进的道路。走在寂静的小路上，没有人陪伴，狂风骤雨只能自己承受，小曼已经疲惫不堪。幸福就在风雨之后，黎明总在黑暗之后，他们美好的未来即将到来，小曼仿佛看见了希望。

孤身奋战的小曼就是这样痛苦挣扎、心事沉沉、情绪不定，看到风平浪静，她想再把事情推进一步，遇到挫折压力，就害怕、灰心、退缩。当压力太大，无力承受时，她便病倒在床。小曼本来身体已经不堪重负，加上现在的忧思、愁苦，身体已经大不如以前了。自从徐志摩走后，小曼经常卧病在床。有时候生病也是一种解脱，小曼可以不用面对亲戚好友的数落和劝说。本是好意，但是小曼现在已经害怕听到这样的话语。所有的情绪都已经麻痹了，因为已经听了太多遍，想了太多了。

只要不放弃就有希望，这是徐志摩告诉小曼的话。小曼也这样想，路都是人走出来的，这世间再霸道也不能把人活活逼死。只要一直坚持，希望就会如期到来。徐志摩给小曼的信，字字恳切，句句真诚，这份坚决，让小曼有了安全感。只要他们两个人心若磐石，别人又有什么办法。管天管地，但却管不了人的心。小曼想，只要自己不改自己的真心，终有一天她与徐志摩会成为神仙眷侣。小曼等待着那一天的到来。

在没有女子离婚的年代，一个女子要尝试第一个离婚，那种压力是难以想象的。如果我们知道被世人误解的小曼在20世纪初为了争取婚姻自由经受了怎样的挫折和痛苦、怎样的挣扎和考验，没有人不说她是勇敢、真挚的，没有人不佩服她。今天人们对她念念不忘，或许与她在离婚这件事上，对女性的推动有直接的关系，因为人们只记得那些对社会做过贡献的名媛，她对社会的贡献就是敢于冲开一道离婚的口子。即使社会环境这样宽容的现代，也不见得所有的女性都能有她那样的勇气与激情，为了追求爱情，可以牺牲一切，这种行为，不管在哪个时代，都足以令人敬佩不已。为爱情而斗，就是为自由而斗，为精神而斗，有几个人为精神而活着，大多数的人为生存而活着。

站在不同的角度看待问题，自然会有不一样的答案。没有对错，只有愿意与否。对陆家、王赓以及亲朋好友来说，小曼与徐志摩的事情就是一场变故。小曼的父母为小曼精心挑选夫婿，希望小曼能够过上幸福的生活。王赓是他们心中理想的女婿，没有辜负两位老人的心。王赓的事业一直蒸蒸日上，他得到上司的重用，仕途大好。小曼的父母难以割舍这样的女婿，王赓也是一个孝顺的人，对陆家二老更是照顾有加。陆定夫妇知道自己女儿的脾气，那是骄纵惯了，谁都不怕。小曼一直像公主一样生活，事事都要顺她的心意。王赓对她是极容忍、宽待的。就算是知道小曼与徐志摩的事情也是想极力挽救婚姻，不想就此失去小曼，失去这个家庭。他一直觉得小曼不懂事，年龄还小，不成熟。如果小曼任性，犯了错他可以原谅，只要小曼可以迷途知返。

刚知道小曼与徐志摩的事情，王赓痛苦万分。他找小曼谈心，劝她放弃这样的想法。王赓认为小曼极不理智，才会做出这样的决定。王赓告诉小曼不要头脑发热，这只是一时之气，一时痛快。日后要面对的问题不是小曼能够面对和解决的。但是小曼听不进去王赓的劝阻，无奈之下，王赓将小曼交给了她的父母，希望小曼能够体谅亲人的感受，及时抽身。他们依然是恩爱的夫妻。

只是王赓的想法太简单了，小曼已经陷得很深，难以自拔。不论是谁的话都听不进去。就算徐志摩远去异国他乡，小曼依然抱着离婚的念头不肯改变。看着小曼因为离婚的事情，一次次病倒，他真的不忍心，毕竟是几年的夫妻。王赓对小曼一直爱意不减，只是他不是小曼心中想的那一位。这是作为丈夫的悲哀，还要面对有些人异样的眼光。王赓已经开始力不从心，心痛万分。至今为止他还是没有改变，只要小曼能够回到自己的身边，这些屈辱他也可以忍受。

王赓一直在等待，小曼也在等待，但是小曼却是在等待徐志摩回来，带着她逃离王家。她想永远和徐志摩在一起，成为徐志摩的妻子。王赓的希望注定要落空。小曼静静地等待着，只要收到徐志摩的信，小曼的情绪就会好很多。小曼给徐志摩回信道："摩，为你我还是拼命干一下的好，我要往前走，不管前面有几多的荆棘，我一定直着脖子走，非到力尽我决不回头的。因为你是真正地认识我，你不但认识我表面，你还认清了我的内心，我本来老是自恨为什么没有人认识我，为什么人家全拿我当一个只会玩只会穿的女子。……只有你，摩！第一个人从一切的假言假笑中看透我的真心，认识我的苦痛，叫我怎能不从此收起以往的假而真正地给你一片真呢！我自从认识了你，我就有改变生活的决心，为你，我一定认真地做人了。"

很多名媛都有追求自己幸福的心愿，但是现实毕竟是现实，她们的想法多半被扼杀在摇篮里。遗憾终身，直到死亡的那一刻还不知道自己如若经历另一种人生，那将是怎样的光景。小曼见惯了那样的女人，太多无奈，一生匆匆数十载转瞬即逝。只能眼睁睁地看着自己随着岁月流逝越来越苍老，再无挣扎的力气，只能任由他人摆布。

比起古代的女人，已经有了好转。尤其是大家闺秀开始接受良好的教育，不仅是三从四德，还有西式先进的教育。很多女子还有了出国留学的机会，自然与以前的女人有天壤之别。但是封建礼教在中国存在了几千年，人们的思想已经根深蒂固，不可能在一时之间有所改变。女人的处境实际上更加艰难了，她们的思想已经进化，拥有一颗追求自由的心，但是外界的环境却不容许她们走自己的路。中国的女子一定要受到礼教的束缚，女人提出离婚，这在别人看来就是一个笑话，一个不可能出现的现象。

小曼要抛开一切，为了自己神圣的爱情斗争。不论世人如何地诋毁她，都无所谓、不重要。她与徐志摩在一起的幸福，只要她自己能够体会，别人都无法理解。包括自己的母亲，曾经自己最亲近的人。女儿的心事，母亲最能理解。从小到大，母亲对小曼的浇灌众所周知，对母亲说出心事已经成为小曼的一种习惯。当小曼陷入困境的时候，母亲总能开导她，并为她想出解决的办法。母亲在小曼的心中就是最值得信任的人，也是最爱自己的人。曾经依偎在母亲的怀里，听着母亲讲着世间的奇人逸事，小曼觉得很开心、很温暖。从小曼的学业到穿衣打扮，母亲都尽心尽力。小曼是吴曼华唯一成年的孩子，自是非常疼爱。可怜天下父母心，父母总是打着为孩子好的旗号，做一些令孩子厌恶的事情，古往今来从来没有改变，这个叫作代沟的东西，从来都没有消除过。

当小曼被痛苦包围的时候，她想到了自己的母亲，也许她能够理解自己的处境。小曼将自己内心深处的感受告诉了母亲，母亲落泪了，她心疼自己的孩子。她知道女人心中对那些虚无缥缈的事情存在的渴望，但是那些毕竟是人杜撰的故事。在现实生活中，她从来没有见过一个女人可以不顾三从四德，追求所谓的爱情。吴曼华告诉小曼，这是一条不归路，终究不会有什么好结果。吴曼华规劝着小曼，她希望小曼能够与王赓一起好好地生活下去，相夫教子，享受齐人之福。她认为这才是女人一生的命运。

小曼想要自己的母亲站在自己一边，但是母亲太固执了，她一直认为小曼这是胡闹。小曼越是强调她与徐志摩之间的感情，母亲的反感情绪就越强烈。吴曼华认为，诗人都是善于风月的人，杜撰一些骗人的假话，欺骗那些年纪尚浅，不经世事的年轻女子。她对徐志摩本就存在偏见，现在徐志摩还要教唆自己的女儿离婚，吴曼华气急了。

小曼更加伤心了，真的是孤军奋战。就连自己的母亲都不能理解她，还有谁会站在自己一边。小曼将母亲的态度，告诉了徐志摩，并告诉他，她伤心万分。母亲抛弃她了，不喜欢她了。小曼情绪不稳定，总认为事情已经到了最坏的情况。徐志摩理解小曼的痛苦，没有人比徐志摩更了解小曼。母亲的态度对小曼实在是太重要了，这就是小曼从小到大的指向标、精神支柱。徐志摩安慰小曼，母亲的身份一辈子都不会改变，小曼是独女，母亲一定会对你疼爱有加。这种态度只是暂时的，过一段时间一切自然就会好了。等有一天，他们结婚了，幸福地生活在一起，母亲一定会高兴。

另外，徐志摩想了许久，自己什么也不能为小曼做。不能陪在她的身边，阻挡迎面而来的狂风暴雨，只能默默地支持着小曼的斗争。徐志摩给小曼的母亲写了一封信，言辞恳切。徐志摩在信中请求他们为女儿的幸福给他们一条出路。他在信中表明了自己的真心，他可以为了小曼放弃一切。他发誓一定能够给小曼幸福，让小曼无忧无虑地生活。小曼就是他的女神，没有小曼他活不下去。小曼也是如此，她因为他们之间的事情已经痛苦万分，身体也垮了。他希望家里能给小曼一条生路，也给他们的爱情一点希望和祝福。

小曼母亲看后，大为恼火，不仅不同情，反而说徐志摩在教训他们。小曼看了信，看着震怒的母亲，不知有多么生气和伤心，她给徐志摩写信说：你为我太苦了，摩！你以为你婉转劝道一定能打动她的心，多少给我们一条路走走，哪知道你明珠似的话好似跌入了没底的深海，一点光辉都不让你发，你可怜的求告又何尝打得动她滑石一般硬的心呢！一切不是都白费了吗？到这种情况之下你叫我不想死还去想什么呢！不死也要疯了，我再不能挣扎下去了。当时小曼确是在用生命争取爱情，到了这种时候，小曼的心碎了。一到心里沉闷得无法解脱时，她就会感到心内一阵阵的痛，痛得好似心被一块一块撕下来。

看见小曼的信，徐志摩流泪了。他告诉小曼不是绝望的时候，他一定不会让小曼这样痛苦下去，他要给小曼一个结果。作为一个深爱小曼的男人，他要成为小曼的守护神。他告诉小曼：眉，等着我，不要灰心，我一定会给你幸福。

小曼等待着……

破茧成蝶，不负相思

每一段美丽都需要历练，每一场传奇都是血泪的累积。破茧成蝶是瞬间之事，这种震撼让人感动。经历了黑暗的洗礼，黎明已经开始召唤。冰天雪地，寒风刺骨，却也是春的脚步将近。小曼与徐志摩的爱情也将走出困顿，面对崭新的未来。小曼与徐志摩就这样斗争着，等待着。

为了减轻痛苦，小曼去大觉寺休养了两个礼拜。在远离家庭与社会的大自然中，小曼变得异常快乐，完全与自然景色融为一体。她激动地写信告诉徐志摩：你看那一片雪白的花，白得一尘不染，哪有半点人间的污气？我一口气跑上了山顶，站上一块最高的石峰，定一定神往下一看，呀，摩！你知道我看见了什么？咳，只恨我这支笔没有力量来描写那时我眼底所见的奇景！真美！从卜往下斜着下去只看见一片白，对面山坡上照过来的斜阳，更使它无限的鲜丽。那时我恨不能将我的全身滚下去，到花间去打一个滚，可是又恐怕我压坏了粉嫩的花瓣儿。那一天，她被美丽的花熏醉了，那一晚，她不由得在花丛中睡着了，似梦非梦地感到徐志摩来到她的身边，与她说话，亲吻她，醒来发现是一场梦。

沉醉在大自然的怀抱里，小曼仿佛回到了与徐志摩初次相识的地方，找到了甜美、自由的感觉。就算是梦境，也是那般引人入胜。小曼喜欢大自然的美丽，一切都像是画家笔下的文墨，这般不真实起来。小曼真心佩服那些画家，山水在他们笔下那么灵动、那么逼真，真是奇了。此刻的美景，她似曾相识。或许是哪个画家已经把眼前这般美景融进了自己的画作里。小曼与这精致早已有了不解之缘。

小曼拿出来自己的笔墨开始描绘眼前的美景，离开世俗的喧嚣，没有亲朋的逼迫，一切都是那么美丽。小曼挥洒自如，她是一个油画能手，她早在圣心学堂时，就有人出高价买过她的作品。自从嫁给王赓之后，小曼已经很少作画。她认为，作画必须将自己的感情融入，才能有别具特色的作品出现。没有感情的画是没有生命的笨拙之物，难以入真性情人的眼。所以，小曼很少作画，只要肯动笔画，必然是佳作。因为与王赓的婚姻，小曼失望过，也放纵过，所以作画，必然是少的。

小曼又开始挥动手中的笔了，看见这般景色，她幻想着徐志摩就在她的身边，他们一起欣赏着美景。徐志摩为她打开心灵的那片窗户，灵感如一阵清风，轻轻地吹动着。爱情就像这大自然，不知是何人的鬼斧神工，这般神奇。没有人能改变大自然纯净的气息，也没有人能阻止已经根深蒂固的爱情。人的心事是最难以控制的神物，不论是谁都难以抗拒，内心深处的趋势。

小曼最喜欢画风景，每完成一幅风景图，小曼都陶醉在其中。曾经与徐志摩游玩时，自己也画画。那时候徐志摩还会指点小曼，让她静静地体会这美丽的风景，然后再开始动笔。心中必有一段规划，才能挥洒自如。现在徐志摩不在小曼身边，小曼只能自己完成。小曼依旧是快乐无比，至少她可以这样安静地作画，这样肆无忌惮地想着徐志摩，幻想着他们的未来。

她随时随地想着徐志摩，她本来就是一个容易动情的性情中人，与徐志摩一样多情。她多么想与徐志摩隐居在这美丽的大自然中，再不回到那令人烦恼的尘世上去。就在这里等待着徐志摩，守护着他们的爱情，只有这里的纯净的天空。

可她必须回到令人烦恼的尘世中，回到令她灰心的尘世。在尘世，她是一个任人摆布的木偶，一个弱女子，她的任何争取和挣扎都没有回应，无济于事。灰了心的她又开始到娱乐场所随波逐流，在热闹中忘却愁苦。这是小曼最后的栖身之所，为了躲避婚姻的束缚，她选择消极反抗。走进热闹非凡的社交场所，过着黑白颠倒的生活。管它什么世俗礼仪，你们不让我追求自己的幸福，但是我依然有选择生活的权利。放纵也是一种快乐，这是两者之间折中的法子。沉醉在别人的欢乐中，至少可以减少小曼心中的伤痛。生活只给人一个不得已的选择，无力反抗的人只能默默地承受。小曼心中的苦痛，无人能知。很多人都不屑地看待小曼，这样的女人必是受尽白眼。

在别人眼中她就是一个背叛丈夫、离经叛道的女人。喜欢交际，张扬放纵，行为举止不像是一个名媛淑女，竟像是一个十足的交际花。不知道多少人在背地里这样描述小曼。他们嘲笑王赓戴了"绿帽子"，他们用幸灾乐祸的眼光看待现在发生的一切，只是一场好戏。多少人都充当着看客的角色，却不知你在看别人的时候，自己或许已经成为另一出好戏的主角。人生难免会落入这样的轮回之中。

为了躲开家人，躲避丈夫，她出去跳舞、喝酒、打麻将、逛戏院。但更大的逼迫还是来了，王赓准备到上海任职，要把家搬到上海去，要小曼与他一起去。小曼不愿去，王赓严厉地告诉她：你没有不去的理由。这话意味着命令。小曼明明知道这是一种强制，可自己又没有说出口的理由，不得已和他吵了起来。这一生气，心跳加速，就晕了过去。她被送到医院，医生诊断说病情很重，是心力交瘁所致，这下大家都吓坏了。如果小曼连命都保不住，这闹下去还有什么意思？为了安慰小曼，大家暂时不提去上海的事。王赓因为公务缠身，第二天就去上海公干了，这让小曼觉得寒心。

毕竟是夫妻一场，总该有些情分。她现在病成这样，王赓依然把工作放在第一位，不管她的死活。女人总是这样敏感，易受伤害。小曼与王赓的心结已经不是一两天了，在这种状况之下，小曼更是会伤心、难过。更加思念徐志摩，而远离王赓。小曼冷静下来之后，也看透她与王赓之间的隔阂，其实早已经无法消除。现在一切都是在挣扎，就像是困兽一样，发出几声哀鸣。

其实，小曼也明白自己已经没有资格再要求王赓对自己好。她的心已经给了徐志摩，现在留给王赓的只有一具躯壳。但是，夫妻这么多年，还是有些情分，就像是亲人般的扶持。然而，王赓却是一个不会想很多的人，生病自然有医院照顾，他就算是每日陪伴在病榻前也是于事无补，又来了紧急的工作，他只能暂时丢下小曼。没有谁对谁错，性格决定了人生的每一次选择。

病中，胡适等朋友前来看望、陪伴小曼，胡适看小曼病得不轻，就在小曼耳边轻声地问：要不要打电报叫摩回来？小曼知道病一定是十分凶险，心里倒也慌起来了问：是不是我要死了？胡适看她发急的样子，又怕她害怕，立刻和缓着脸笑眯眯地说：不是，病是不要紧，我怕你想他所以问你一声。小曼心里十二分愿意徐志摩回来，可是懦弱的她又不敢直接说出口，只好含着一包热泪对胡适轻轻地摇了摇头。

口是心非这是女人的通病，她岂能不想见徐志摩，不想让他回来。但是，她知道现在他们的处境。就算是徐志摩回来。又能怎样，彼此之间徒增伤痛。徐志摩还是知道了小曼的得病的消息，心急如焚。小曼一病多天，远在欧洲的徐志摩急得像热锅上的蚂蚁，痛苦无奈。他在信中写道："我唯一的爱，你真得救我了！我这几天的日子也不知怎样过的，一半是痴子，一半是疯子，整天昏昏的、惘惘的，只想着我爱你，你知道吗？早上梦醒来，套上眼镜，衣服也不换就到楼下去看信，照例是失望，那就好比几百斤的石子压上了心去，一阵子悲痛，赶快回头躲进了被窝，抱住了枕头叫着我爱的名字，心头火热，浑身冰凉，眼泪就冒了出来，这一天的希冀又没了。说不出的难受，恨不得睡着从此不醒，做梦倒可以自由些。眉呀，你好吗？为什么我这心惊肉跳的一息也忘不了你，总觉得有什么事不曾做妥当或是你那里有什么事似的。眉呀，我想死你了，你再不救我，谁来救我？"

他们两个虽然身处两处，可感受是相同的：一个在国内痛苦，一个在国外呻吟，但心有灵犀一点通。当小曼想徐志摩的时候，也是徐志摩想小曼想到最难受的时候，这样的真情上帝都打动了，唯独打动不了国人，没有人同情他们，没有人肯原谅他们。

从古至今都是这样描述女人。不是红颜祸水就是红颜薄命，女人就是毒药，男人要是陷得太深就会迷失自我，丧失斗志。温柔乡固然令人心动，但是好男儿志在四方。怎能为一个女人丧失自己的大好前程。一个人的名誉比生命更加珍贵，在遥远的古代一直到现在，中国人就是这样的铁血刚强。任何损毁名声的事情都是大恶，尤其是书香门第，官宦世家，名声就是一切。他们可以为了虚名牺牲一切，个人的幸福又算得了什么？中国男人大致不懂情感，他们懂的都是最原始的男女之情。男女在一起，只是为了传宗接代，将一家的香火延续下去。徐志摩是最先受了西方浪漫主义思想熏陶的诗人，把情感看得比生命还重，结果招来许多人的非议、不解和嘲讽、讥笑，认为他为了一个女人毁掉自己的事业和前程是发傻，是傻瓜干的事情。

但徐志摩不这样看，人生要真切地活着，为了虚名存活，那是没有意义的。此时徐志摩正在巴黎看一出瓦格纳的音乐剧：《特里斯坦和伊索尔德》，这出戏是最有名的情死剧，特里斯坦与伊索尔德因为不能在这世界上实现爱，他们就死，到死亡里去实现更绝对的爱。其实中国也有这样可歌可泣的爱情，只是中国人都不会大肆宣扬这样的情节。

徐志摩在给小曼的信中写道："伟大极了，猖狂极了，真是'惊天动地'的概念，'惊天动地'的音乐。眉，下回你来，我一定伴你专看这戏，现在先寄给你本子，不长，你可以先看一遍。你看懂这戏的意义，你就懂得恋爱最高、最超脱、最神圣的境界。"

20世纪20年代，一个最讲伦理道德的社会，有两个年轻人以爱情至上的理念冲击着社会的罗网，这是中国绝无仅有的事。徐志摩是中国的普罗米修斯，他把西方的爱情火种带到中国来，给陈旧老朽的中国社会放了一把火，让人们震惊，让大多数的中国人瞠目结舌。连同他的老师梁启超在内。

徐志摩就是这样轰轰烈烈的人物，他是男人之中的真性情。为了爱情他可以不顾一切，为了小曼他可以牺牲自己名誉、前途，什么他都不在乎。他知道小曼也是如此，所以他不会放弃，他不能让小曼一个人承受剩下所有的痛苦，这不是大丈夫作为。

只要坚持一定会看见胜利的曙光，他们的爱情就像美丽的蝴蝶，总有一天会展开美丽的翅膀，在花丛中翩翩起舞。在小曼和徐志摩的心中，他们爱情是此生最重要的经历。不能放弃，一定要奋斗。他们的坚持终究会感动身边所有的人。小曼与徐志摩等待着那一天的到来。

飞舞于天地之间吧，不要受到命运的束缚……

高山流水，倾世情缘

他是才华横溢，温柔多情的诗人；她是艳压群芳，多才多艺的闺秀。他们之间的缘分，是一见钟情的美好，是惺惺相惜的牵挂，才子佳人的千古传奇。看见的是细雨之中迷离的感伤，繁花丛中比翼双飞的绚烂。爱情就像一道彩虹，照耀着古老的大地。

徐志摩告诉小曼：爱给了我们勇气，有勇气就会成功，要大抛弃才有大收成，有大牺牲的决心是向爱进军的唯一通道。我们有时候不能因循，不能躲懒，不能姑息，不能纵容"妇人之仁"。现在时候到了，眉呀，我如果往虎穴里走（为你），你能不跟着来吗？徐志摩是一个传播现代西方思想和理念的传道士，在寻找自己灵魂的伴侣这件事上，他坚决不退让，不妥协。

小曼被徐志摩一次次地感动，他的爱是那么强烈、那么坚决。每当小曼颓废想要放弃的时候，徐志摩总能给予她力量和勇气。她舍不得让徐志摩伤心，如果她倒下了，就剩下徐志摩一个人孤军奋战，一定会遍体鳞伤。只有两个人的坚持才能战胜那些世俗的刁难，取得最后的成功。徐志摩太苦了，小曼心里最清楚。小曼告诉徐志摩：摩，我一定会坚持下去，为了我们的将来。我不会让你一个人痛苦，让你在世俗之中徘徊。我陪着你，不论到什么地方，我都陪着你。就算是刀山火海，我也要陪着你一起走过。

徐志摩教会小曼怎样爱，他是小曼的灵魂导师。小曼说："爱，这个字本来是我不认识的，我是模糊的，我不知道爱也不知道苦，现在爱也明白了，苦也尝够了；再回到模糊的路上去倒是不可能了，你叫我怎么办？"

小曼已经真真切切地爱上了徐志摩，已经付出的感情收不回。女人就是这般痴情的种子。士为知己者死，女为悦己者容。小曼就是这样爱着徐志摩，没有退路，没有后路。小曼此刻就想这样爱着徐志摩一辈子，就算是伤痛也是值得的。小曼开了爱情的窍，这是一切快乐与痛苦的源头。因为徐志摩，小曼懂得了爱情的美妙，问世间情为何物，直教人生死相许。也是因为徐志摩，她尝到了世间极致的伤痛。没有尽头的思念与等待，心被撕碎的感觉，她都尝遍了。

如果上天再给小曼一次选择的机会，小曼已然会选择徐志摩。她宁愿承受这些痛、这种伤。也不要平淡无味地过一生，没有激情，没有希望，就是活着。如行尸走肉般的生活，没有人不害怕，那是消磨青春的黑洞，一生数十载，只是别人生活的装饰品、附属品。那是何等的悲哀。小曼不要那样生活，徐志摩是给她希望的那个人。

正是在徐志摩出国后的第三个月，王赓在上海安好家，要求小曼去上海定居，小曼不肯，闹了起来，为此小曼生了一场大病。几个月过去了，现在王赓下了最后通牒，一封爱的书信，下令叫小曼母亲即刻送她到南方去，这次再不肯，就永远不要她去。口吻非常严厉，好像长官给下属的命令，口气很大。

王赓是真的动怒了，作为一个丈夫，王赓觉得自己有这样的权力让小曼到自己身边。作为一个妻子，跟随丈夫也是本分之事。这也是无可厚非，世人都懂的道理。但是小曼的任性，从小便已养成。她不善于向别人屈服，她不要做任人摆布的棋子。王赓这次的行为触及了小曼的自尊心。

小曼一家人围坐在一起，被这封书信吓慌了，母亲想，再不去，就要被人家休了，于是对小曼说：倒是怎么办？快决定！小曼说：这有什么为难之处呢？我愿意去就去，我不愿去难道能抢我去吗？母亲听了这话立刻变了色说：哪有这样容易，嫁鸡随鸡，嫁狗随狗，这是古话，不去算什么？父母要她一个星期内动身，小曼一急，心脏病复发，立刻晕了过去。

1925 年 7 月 16 日，小曼想了一夜，最后还是决定第二天再去争闹，非达目的不行。第二天小曼信心百倍地来到父母家，她对父母说：要是你们一定要逼我去的话，我立刻就死，反正去也是死，不过也许可以慢点；那何不痛快点现在就死了呢？父母一听，马上回话说：好的，要死大家一同死！接着父母双泪俱流，苦苦哀求，让她听他们一次，最后一次。事到如今，小曼只能可怜他们，在他们眼里，离婚是家庭中最羞耻的事，儿女做了这种事，父母就没脸见人了。小曼不忍看着年迈的父母伤心欲绝，只好随了父母的心愿，决定与父母一同去上海定居，与徐志摩分手。到了上海，她就等于坐了禁闭，一切努力只能付诸东流。

徐志摩终于回国了，但是却还是见不到小曼。小曼已经去了上海，而徐志摩依然住在北京。徐志摩回国已近一月，却难得见上小曼几面，即使见面也是在朋友的聚会上，这让心急情浓的徐志摩焦急，甚至产生对小曼的不满。有一次在舞会上，小曼为了避嫌总是和别人跳舞，有意不理睬徐志摩。徐志摩哪受得了这个，他想的是当晚与小曼共舞，一起沉醉，谁知却落得个坐冷板凳。着急的徐志摩只好不顾一切地请小曼跳舞，小曼趁机接受了他的邀请，作为社交明星的小曼最懂这些礼仪，做得天衣无缝。着急、不满的徐志摩问小曼为什么要这样对待他、折磨他，小曼聪明地回答：我们还有什么客气？说得徐志摩很不好意思。在这样的社交场合，也许小曼更有风度、更会来事，而徐志摩却要莽撞得多。

小曼不敢再次接触徐志摩，她怕刚刚整理好的思绪不小心又一次掉进万劫不复的深渊。王赓已经对她一再地恼火，她不想在这个时候再节外生枝。父母已经年迈，经不起这样接二连三的打击。所以，她要避嫌，不管她的心是如何的血泪模糊。

徐志摩也实在是被逼无奈，回来这么长时间，见不着自己日思夜想的爱人，这也不是回事。他想对小曼说：小眉真对不起人，把人家从万里路外叫了回来，可连一个清静谈话的机会都没给人家！这不是徐志摩想要的结果，徐志摩无法忍受要在人前装模作样的虚假，也无法忍受思念而不得相见的折磨。可是能跳一曲舞，还是让他很满足很销魂，因此他写道：今晚与你跳的那一个舞，在我最享受不过了，我觉得从没有经历过那样浓艳的趣味。你要知道，你偶尔唤我时，我的心身都化了！

徐志摩就如此这般煎熬着，小曼把徐志摩的心一片片地撕碎，徐志摩渴望小曼的柔情。小曼就是徐志摩的救命稻草，没有小曼的眷顾，徐志摩就像一具行尸走肉。小曼何尝不是如坐针毡，脸上笑容映射的是心中的伤痛。短短的几句话，完全可以体会处在热恋中的徐志摩敏感的神经。爱神徐志摩的情感太浓烈，诗人徐志摩不能没有爱情。

徐志摩对小曼说："眉，我的诗魂的滋养全得靠你，你得抱着我的诗魂像母亲抱孩子似的，他冷了你得给他穿的，他饿了你得喂他食粮——有你的爱他就不愁饿不怕冻，有你的爱他就有命！"徐志摩就是这样爱着小曼，她就是徐志摩心中的那块不可触摸的圣地。小曼那么高高在上，小曼的一个微笑都会让徐志摩心花怒放。

在这段苦恼的日子里，愤怒激发诗人经常写诗。每次写完，他就拿给小曼看。刚开始小曼还感兴趣，时间长了就有些不耐烦，或敷衍了事，或根本不看。这时，徐志摩就会有些尴尬，甚至难堪，就不再准备给她看。小曼与徐志摩在一起是因为那种诱人的情，甚至是因为新鲜和刺激，因为徐志摩与别的男人是完全不同的。

他懂得赞美，能够发现，会呵护、体贴，当这一切一旦得到或习惯后，兴奋与喜悦的情绪就会减弱。小曼并不真正喜欢文学，喜欢诗。她看诗，多是因为诗是诗人为她而作，是为了那种被特殊对待和赞美的感觉。如果诗人的每首诗都拿给她，让她看，她也会不耐烦，这一点徐志摩感觉到了。

现在徐志摩没有多余的情绪思考几年后的事情，他只想与小曼在一起，不管以后的生活会变成怎样，徐志摩总是抱着美好的理想。沉浸在爱情中的人都是盲目的，不会看见以后的苦难，只会看见希望和幸福。他们是才子佳人的组合，将会成为让人羡慕的神仙眷侣。

盛世欢歌，同往锦年

茫茫人海，千万次回眸，眼里只有一个倩影。死生契阔，与子成说。执子之手，与子偕老。爱情不是一句话、一个承诺，而是生生世世的守候。许久的等待与挣扎之后，爱情的光照进了小曼与徐志摩的生命里。一场轰动北京的婚礼慢慢地拉开了序幕……

小曼与徐志摩的事情一直都没有进展，只好求救于老大哥胡适。胡适看着徐志摩可怜，就答应徐志摩去和小曼的家人提一提。胡适是徐志摩的知己朋友，徐志摩遇到困难总会想到他，胡适对徐志摩与小曼之间的事情也了解一些。他知道徐志摩对小曼的感情已经根深蒂固。小曼对徐志摩也是一往情深。他决定帮助这对真心相爱的人，希望他们能有一个美满的结局。

胡适来到陆家，见到了小曼的母亲，对她讲了徐志摩与小曼之间的故事。胡适告诉陆夫人，徐志摩是全心全意地爱着小曼，小曼就是徐志摩的一切。小曼对徐志摩的感情，还有她与王赓之间的问题，老夫人应该是知道。希望老夫人能够同情他们，让他们能够从此幸福地生活在一起。但小曼的母亲告诉胡适：王赓对小曼很好，对他们夫妇很孝敬，让她怎么开得了口。再说离婚这种事要是做了，还让他们夫妇怎么见人，怎样在社会上做人！胡适确实无法反驳小曼母亲的话，他无功而返，徐志摩心灰意冷。他与小曼之间仿佛走进了死胡同，徐志摩已经束手无策。

徐志摩告别了小曼，踏上了前往上海的征程。徐志摩心里记挂着小曼，希望能够解决他们俩之间的事情。事情最终还是没有解决，徐志摩想到了自己的父母，自从回国后还没有看望过他们二老，真是不孝。徐志摩就南下上海，一来是探亲；二来，可以放松一下身心。

没想到徐志摩到上海的第三天，小曼与母亲也来到上海，因为王赓在上海孙传芳的五省联军任参谋长，小曼写信告诉徐志摩这个消息，并且答应他绝不负他，让他按她的要求办事，还有不要到车站接她，听她的安排。小曼此刻心中已经有了主意，徐志摩就是她的精神支柱。

徐志摩却按捺不住一定要看见小曼，还是去了车站。小曼的母亲在车站看到徐志摩，十分生气，一看到他，带着小曼就走，没让他与小曼说一句话，而且训斥小曼不准再与他来往。徐志摩自找没趣，反而增添了不少烦恼。徐志摩没有想到小曼的母亲如此决绝，一点情面也不给他。

三天后徐志摩给王赓写了一封信，要求去府上拜访，大度的王赓答应了徐志摩的请求，给了小曼与徐志摩单独说话的时间。小曼向徐志摩表白，她永远是他的，又偷偷地给了徐志摩两个吻，徐志摩这才定下心来。但小曼的母亲恨透了徐志摩。遇了陆家冷脸的徐志摩也恨透了小曼的母亲，说她母亲"横蛮得叫人发指"。徐志摩知道小曼的母亲永远不会支持他与小曼之间的爱情，小曼的母亲太固执了。陆曼华是古典大家闺秀，在她的心里女人的贞操是比生命更加重要的东西。女人一生只能坚守一个男人、一份情。

徐志摩约小曼与他的父母一起游西湖，但怎么也等不来小曼。原来小曼的母亲早已发现了他们的计划，把小曼看管了起来，不让她离开公寓一步。小曼不来，徐志摩不仅无心游玩，路途中的美景只是让徐志摩更加痛苦。昏昏沉沉，打不起精神来，走到哪里想的都是小曼。

回到上海后，徐志摩万念俱灰，朋友们说他不是近痴，简直已经痴了。陷入爱情的人，会失去理智，失去自我，若是求爱不得一定会痴呆一阵子。更何况是两情相悦却不得正果的煎熬，这时他想起了泰戈尔的诗《世界上最遥远的距离》。

世界上最遥远的距离不是生与死，
而是我就站在你面前，你却不知道我爱你。
世界上最遥远的距离不是我站在你面前你却不知道我爱你，
而是明明知道彼此相爱却不能在一起。
世界上最遥远的距离不是明明知道彼此相爱却不能在一起，
是用一颗冷漠的心对爱你的人铸成一条无法逾越的鸿沟。

这首诗正是徐志摩此时心情的写照。

徐志摩想起了刘海粟，他是一个靠得住的朋友。徐志摩去找刘海粟，可是见到刘海粟，徐志摩又踌躇了。刘海粟问他：你有什么心事？徐志摩说：你看出来了？刘说：你讲吧。徐志摩说：我和她认识才两年多，现在已经不能自拔了。徐志摩开始诉说他们的情感和目前有情人不能终成眷属的苦恼，他要刘为他想办法。刘海粟很为难，因为三角恋情中的人，都是风云人物。徐志摩见刘海粟面带难色，就说：这样下去，小曼是要愁坏的，她太苦了，身体也会垮的。刘海粟想起小曼多病的身躯，开始同情他们。他想想自己也是为了幸福和自由逃过婚的人，不能不帮徐志摩，于是血气方刚的他痛快地说：那我就去试试。徐志摩有了刘海粟的这句踏实话，就放心地回北京去了。

徐志摩回北京后，小曼与王赓却因一件偶然的事发生了冲突。有一天，上海的名门闺秀唐瑛请他们夫妇吃饭。当时有"南唐北陆"之说，南唐指上海的唐瑛，北陆指北京的陆小曼，两人都以美艳和善交际出名。王赓有事先走一步，但他不忘吩咐小曼不要单独随他们出去跳舞，看来他对小曼看得够紧。小曼本来就对他有情绪，现在他竟然限制她的行动，就产生了反感。当同伴约她外出跳舞时，她略有犹豫，但后来想想，我出去你又能把我怎样，赌气之下准备与朋友们一起去跳舞。正要上车时，王赓回来了。王赓看到她不听自己的话，自己对她没有一点权威，感到很失面子，气得满面绯红地说：你是不是人，说定了的话不算数。周围的人看到王赓发脾气，纷纷走了，剩下没面子的小曼站在那里。小曼一看大家都给吓跑了，气得哭着跑回家中。回到家，小曼就哭着告诉母亲，王赓对自己的侮辱和看轻，并且声称非要回北京不可，绝不再回王家。母亲无奈，只好与小曼一起回到北京。回到北京之后，小曼又向父亲诉说自己的不平，父亲很气愤，赞成女儿与王赓离婚。

这时，刘海粟也来到北京，找到小曼的母亲。对她说：老伯母休怪我轻狂雌黄，我学的虽是艺术，但我也很讲实际。目前这样，把小曼活活逼到上海，又能解决什么问题？她和王赓就能白头偕老吗？小曼心里也苦，整日里跟你们俩闹的话，你们也得不到安宁啊！小曼的母亲一听也是，就说：我们何尝不知道，可是因为我们夫妇都喜欢王赓，才把亲事定下来的，我们对徐志摩印象也不坏，只是人言可畏啊！接着她又说：老实说，王赓对我们两老还算孝敬，对小曼也还算厚道，怎么开得了口要他和女儿离婚？我这也是老生常谈了，但是人活着就是这么一个理儿啊。刘海粟说：只要您能理解，王赓那我去说。于是商定由刘海粟陪小曼母女回上海。

徐志摩听到这个好消息后，高兴得像个孩子。他把希望寄托在刘海粟的身上。刘海粟说：徐志摩，你不要想得太乐观，这件事不是简单的。徐志摩说：只要你肯用心去办，准能办好，我也只有把希望放在你身上了。有趣的是，当他们到上海还未立定脚跟，徐志摩又追到了上海。

为了解决王赓、小曼、徐志摩之间的问题，刘海粟就在上海有名的公德林设宴请客。他请的主客，除了小曼母女和王赓外，还有歆海、唐瑛和杨杏佛，同时还请了李祖德，唐瑛的哥哥唐腴胪。徐志摩既是客人，又帮他张罗，亦有半个主人的地位。但是他尽量不使徐志摩太突出，以免使王赓不快，反坏了大事。这一桌酒席，充满了戏剧性。当时，徐志摩有些紧张，我们的女主角陆小曼的心情更不平静了。小曼在当时来说，确是个新女性。对王赓，她虽然始终缺乏绵绵情意，但是一直对他怀着三分敬意。聪明美慧的小曼，此刻自然对王赓的心情有深刻的体会，尤其是涵养甚深的小曼，在这种场合，绝对不会使王赓有难堪的感觉。她从容自如，仪态万方地坐在母亲身边，既有些腼腆，又有些矜持，她的任务是：既让王赓不觉得尴尬，更不能让徐志摩有得意忘形的举止。

刘海粟在祝酒时以反封建为话题，先谈人生与爱情的关系，又谈到夫妻之情应建筑在相互之间感情融洽、情趣相投的基础上。王赓也是极聪明的，终于觉察到刘海粟的用意和这席宴的宗旨。他终于举杯向刘海粟、徐志摩，向其他人，自然也向小曼，说："愿我们都为自己创造幸福，并且为别人幸福干杯！"宴会后，王赓推托有事，要小曼随老太太回去，他先走了。

这是徐志摩与小曼相爱以来第一次与王赓直接公开交涉，在此之前只是做小曼母亲的工作，却从没正面和王赓谈过此事。王赓当然是不肯放弃小曼的，他爱小曼，看重小曼。小曼是那个时代成功男人的理想妻子，能娶到小曼着实不容易。但这次以后，他被迫认真思考他与小曼的婚姻，小曼既然已经铁石心肠，硬把自己与小曼拴在一起，也不是办法，更不会幸福，不如放小曼走，让她追求她的幸福去。于是在两个月后的一天，他对小曼说，如果她认为她和徐志摩在一起幸福，他愿意离婚。小曼听了他的话，抑制不住地哭了，一块石头终于落地。

她对王赓有感情，只是没爱情，王赓待她不薄，只是她不爱他而已，真的要离开王赓了，她反而觉得自己对不起他，但她实在没办法，只有离他而去了。王赓说：我祝福你和徐志摩能幸福，手续我会在几天后办好。

王赓正逢多事之秋，官司缠身。离婚的事在时日上又拖了两个月，1925年底，李祖虞正式找王赓谈判，王赓在狱中签了离婚协议，这对王赓是一个沉重的打击，当时的他几乎失去了一切。牢狱之灾、失妻之痛，这是对一个男人莫大的打击。王赓的心一定是无比沉痛，此时的他已经无法选择。

小曼得到这一消息后，欣喜异常，小曼的母亲却很难过。小曼顾不得一切，急切地跑到北京去找徐志摩，要亲口将这个等待了许久的好消息告诉他。这时，徐志摩已经听从胡适等人的劝告，准备做点事情。事业是男人真正的战场，徐志摩想让自己成为小曼的骄傲。

9月底他回到北京，受众朋友委托，接办《晨报副刊》，并任北京大学教授。10月1日，徐志摩接编《晨报副刊》。10月5日，在《迎上前去》这篇著名的接编宣誓词中，他表明自己是怎样一个人，要办怎样一份报。他一向是做什么，就全情投入的那种人。现在他要投入全部精力办报，绝不留后路。

在这篇文章中他一再告诉读者自己是怎样的一个人，他说："我是一只没笼头的野马，我从来不曾站定过。我人是在这社会里活着，我却不是这社会里的一个，像是有离魂的病似的，我这躯壳的动静是一件事，我那梦魂的去处又是一件事。我是一个傻子，我曾经妄想在这流动的生命里发现一些不变的价值，在这打谎的世上寻出一些不磨灭的真，在我这灵魂的冒险是生命核心里的意义；我永远在无形的经验的巉岩上爬着。……冒险、痛苦、失败、失望，是跟着来的，存心冒险的人就得打算他最后的打击，我的头是流着血，但我的脖子还是硬的；我不能让绝望的重量压住我的呼吸，不能让悲观的慢性病侵蚀我的精神，更不能让厌世的恶质染黑我的血液。厌世观与生命是不可并存的；我是一个生命的信徒，起初是的，今天还是的，将来我敢说也是的。我决不容忍性灵的颓唐，那是最不可救药的堕落，同时却继续躯壳的存在；在我，单这开口说话，提笔写字的事实，就表示后背有一个基本的信仰，完全的没破绽的信仰；否则我何必再做什么文章，办什么报刊？"

小曼爱着的人就是这样一个真挚、勇敢的斗士，小曼怎能不被他做人的信仰和热情感染？小曼更加迷恋徐志摩，他是一个真正的男人，不是世俗金钱的奴隶。徐志摩的心像玉石般坚韧，他有高尚的追求，没有奴颜，只为自己的信仰和真心活着。

1925年底，小曼终于离婚了。她从上海回到北京，急切地要见徐志摩。这几个月，他们失去了联系，小曼来到北京后，还不知道徐志摩住在哪里。经打听，才找到徐志摩。当她把这个等了很久的好消息告诉徐志摩时，徐志摩激动得不知该怎样表达才好。小曼最终没有辜负她的爱人，徐志摩为她而自豪。欣喜若狂的徐志摩高兴得跳了起来，他紧紧地把小曼抱在自己怀中，就像抱着自己的幸福。他终于争到了自己的幸福，得到了自己灵魂的伴侣，这是他一生最大的幸福。

离婚后的小曼终于实现了自己的愿望，可以自由地与自己心爱的人在一起。现在不再有什么人管束、限制他们了，他们快乐得上了天。这两个快乐的人决心白头到老。婚姻是爱情最好的归宿，因此婚姻自然而然提上议事日程。

当然能否结婚还要征求小曼父母的意见，这是必走之路。徐志摩还是委托胡适向小曼父母提出结婚的请求。现在，小曼的母亲当然不会反对，女儿已经离婚，离婚就是为了与徐志摩结婚，他们还能有什么意见？况且徐志摩对他们也是毕恭毕敬，忠厚孝道，他们当然愿意。只是得对社会有个交代，这有关陆家的脸面。因此小曼的母亲向胡适提出两个条件：一是要请梁启超为证婚人，以表明社会对他们的承认，好让他们以后在社会上能立住脚；二是要在北海公园图书馆这样高雅的礼堂举行婚礼。这样的要求几乎是一件不可能完成的任务。让梁启超证婚，几乎是不可能的事情，梁启超一直反对离婚再结婚的人，他十分不情愿出面做这种事。在北海公园图书馆举行婚礼，也是没有先例的。但为了徐志摩能实现最终的愿望和幸福，胡适答应尽一切努力去说服。

接着需要征求徐志摩父母的意见。这件事似乎并不容易，要比徐志摩想象得难。徐志摩以为父母爱他胜过一切，对他的结婚请求肯定不会为难，结果徐志摩的父亲却十分顽固，坚决不同意徐志摩和小曼的婚姻。他反对的理由是，第一，小曼是有夫之妇，放着幼仪这样的一品夫人不要，娶一个二婚头，那是丢人败兴的事情，徐申如不高兴；第二，他耳闻小曼不是一个贤淑的女子，这样的女人根本不适合做徐家的媳妇，娶这样的儿媳妇，非他们夫妇之愿；第三，他认为陆小曼不会给徐志摩带来幸福和福气。总之，在徐申如的印象中，一个只会跳舞、看戏、打牌、吃酒、闹婚外恋的女人绝不会是什么好女人。他对陆小曼的印象太坏，十二分地不情愿接受这个媳妇，因此他百般刁难。

他说，徐志摩与小曼的婚姻需要征得身在德国的张幼仪的同意。虽然徐志摩曾与他多次说起，自己与幼仪已在几年前的德国离婚，但徐申如不承认那次离婚的事实。因为那次离婚既没有征得父母的同意，也没在亲戚间有一个交代，这不符合中国的传统，因此不算数。

这次徐志摩要和陆小曼结婚，必须征得张幼仪的同意，在他的观念中，张幼仪仍然是徐家明媒正娶的媳妇。如果张幼仪不同意，他就不能同意徐志摩与陆小曼结婚。徐志摩无奈，只得听从父亲意见，写信给在德国的张幼仪，请她回国，征求她的意见。1926年初，张幼仪取道西伯利亚回国，先在北京哥哥张歆海家住下，准备南归。徐志摩在老家硖石等着张幼仪，却左等右等也等不来。

等待小曼的这段日子里徐志摩天天给小曼写信，诉说他的相思之苦。虽然相思、等待是一场辛苦的事情，徐志摩的内心深处却是甜蜜的，因为这是充满希望的等待，徐志摩仿佛已经看见他与小曼的幸福生活的样子。他告诉小曼，以前的思念都是苦涩的，现在却是带着幸福的思念，他让小曼也要放松心情，事情马上就能解决。他们要一起过只羡鸳鸯不羡仙的生活，小曼畅想着，等待着……

张幼仪到上海后，徐志摩也到了上海，开始他们这次不得已的谈话。那天张幼仪走进徐家住的旅馆后，深深地给老爷、老太太鞠了一躬，然后朝坐在沙发上的徐志摩点了点头。徐申如打破叫人紧张的沉默气氛，慢条斯理地说：你和我儿子离婚是真的吗？这时，徐申如和老太太早已知道这件事，可是他们不管离婚文件写什么和徐志摩告诉他们什么，他们都要亲耳听张幼仪承认。张幼仪说：是啊。徐志摩这时发出一声呻吟的声音，身子在椅子里往前一欠。徐申如显出一副迷惑的样子，听了张幼仪的回答，他差点难过起来。徐申如问张幼仪：那你反不反对他同陆小曼结婚？张摇摇头说：不反对。徐申如把头一撇，一副对她失望的样子。从他的反应来判断，张幼仪猜他一直把她当作说服徐志摩痛改前非的最后一线希望。徐志摩高兴得从椅子上跳起来尖叫，乐不可支，忙不迭地伸出手臂，好像在拥抱世界似的，没想到玉戒指从开着的窗子飞了出去。徐志摩的表情一下子变得惊恐万状，那是小曼送他的订婚戒指。总算过了张幼仪这一关，徐志摩高兴得发狂。徐志摩认为这是最难过的一关，虽然张幼仪已经与他离婚，但是张幼仪曾经对他的心是真挚的，只是他们之间缺少爱情的因素。张幼仪是一个通情达理的女子，这才与徐志摩离了婚。徐志摩没有想到张幼仪居然如此大度。

虽然过了张幼仪这一关，但徐申如并没有痛快答应徐志摩的结婚请求。他与徐志摩做了一次长谈，又经胡适、刘海粟等人劝说，这才答应下来。一旦答应下来，做父母的还是愿意为儿子尽一份心，儿媳虽然不是他们满意的，毕竟是儿子成婚的大事。江南富商徐申如准备为新婚夫妇盖一所此地前所未有的豪宅，供这对新婚夫妇使用。这所房子到现在也还很气派、洋气，是中西结合，现代设施应有尽有的舒适住所。为了装修房屋，徐志摩在硖石住了好长时间，为新房购买所需物品。这对历尽磨难的人准备八月份正式结婚。

才子佳人，金玉良缘

才子佳人，金玉良缘，男女之间的缘分半随天意，半由人为。古往今来，长城内外，多少英雄儿女演绎爱情佳话。封建礼教禁锢不了人的灵魂，不知何时，追求自由的声音已经回荡于人的心间。

荡气回肠的爱情已经开花了，小曼与徐志摩即将拥有他们梦寐以求的生活。

这场震惊北京的婚礼已经开始筹备，一对新人将踏上红毯接受众人的祝福，成为名正言顺的夫妻。双方父母提出的条件成为这场婚礼最大的阻碍，也成为大家的看点。毕竟他们走的是与众不同、违背常理之路。一个诗人与一个背叛丈夫的交际花之间的风流韵事，定会成为闲人茶余饭后的话题。两个有头有脸的人家定要想办法解决这个问题。希望世人的眼光可以转移，他们这场近似无理的婚礼能够得到大家的认可。

徐申如虽然答应让他们结婚，但他也有三个条件：一、结婚费用自理，家庭概不负担。这也是对小曼的制约，不想让她拿上徐家的钱在北京铺张浪费。二、婚礼必须由胡适做介绍人，梁启超证婚，否则不予承认，这是为徐家的面子考虑。三、结婚后必须南归，安分守己过日子，这才是真正的条件，用来限制小曼的生活。为了达到结婚的目的，徐志摩当时全都答应下来。现在他们需要立刻结婚，至于以后的事情，以后再慢慢解决。徐志摩想得过于简单，也为以后的生活埋下了祸根。小曼不可能以老人的意志为转移，新潮的陆小曼毕竟不是守旧的张幼仪。她只做她自己，接受过新思潮熏陶的小曼不可能做一个真正三从四德的儿媳妇。

小曼从离婚到结婚等了8个月，现在有情人终成眷属，他们俩高兴得不得了，把其他的一切全都抛在脑后。结婚本就是一件令人开心愉快的事情，加上小曼与徐志摩的婚礼是那么来之不易，历尽了磨难。他们自是更加珍惜万分。

1926年8月14日，即农历七月初七，传说是牛郎织女相会的日子，陆小曼和徐志摩在北海公园举行订婚仪式。据梁实秋记载，那一天，可并不静，衣香钗影，士女如云，好像有百八十人的样子。也许正因为有人反对他们的恋爱，他们才刻意布置了浩大的场面，邀请来众多的人士，既是庆贺，也是对他们婚姻的承认，可见用心良苦。当然更重要的原因在于小曼，她是北京城最有名气的名媛，结婚时震动四方的场面必须有，更何况她是二婚，要比前一次还风光才能交代得了。这一点，她是一定要讲究的，这是面子。

　　10月3日，农历八月二十七，孔诞日，他们在北海画舫斋举行了结婚典礼。徐志摩的父母没有来，只是来电说：余因尔母病不能来，张幼仪事大旨已定，你婚事如何办理，尔自主之，要款可汇。不管怎样，父母没来，对徐志摩和小曼，总不是一件愉快的事，也许这正是徐申如对他们婚姻的态度，不支持，但也管不了。这天，来宾总有200人，赵元任和陈寅恪专程从城外的清华赶去。金岳霖是伴婚人，按婚礼规定必须穿长袍马褂，金岳霖没有，"我本来就穿西服，但是，不行，我非穿长袍马褂不可。我不知道徐志摩的衣服是从哪里搞来的，我的长袍马褂是从陆小曼父亲那里借来的"。

　　证婚人是梁启超。做徐志摩与陆小曼的证婚人，梁启超是十二分不情愿。因为王赓也是他的门生，他当证婚人不就是对王赓的打击，对徐志摩的支持吗？他怎能做这不仁不义的事情？重要的是，他一直反对徐志摩与张幼仪离婚，他对徐志摩的情感生活有看法。更重要的原因是，他对陆小曼有成见，他不喜欢这种只知吃喝玩乐又讲排场的名媛作风。他喜欢女孩子既朴实，又有事业追求，对社会有一定的责任感，还要遵守社会礼法。他的女儿个个如此，他选择儿媳妇林徽因也是这样的标准，因此对徐志摩娶一个交际界的名媛做妻子，他持反对态度。更何况是夺人之妻，这人还不是别人，同样是他的弟子，对这件事，他可以说厌恶之极，让他做证婚人，他怎能没有情绪？但他还是来了，一是因为胡适三番五次地请求，二也是对徐志摩这位弟子的呵护。可是他来了，就不能当和事佬，他要亮明自己的观点，起到先生教诲警醒弟子的作用。因此他说了下面这段绝无仅有的训词：徐志摩，你这个人性情浮躁，所以在学问方面没有成就。你这个人用情不专，以致离婚再娶。以后务要痛改前非，重新做人！……徐志摩、陆小曼，你们听着！你们都是离过婚，又重新结婚的，都是过来人！这全是由于用情不专，以后要痛自悔悟，希望你们不要再一次成为过来人。我作为徐志摩的先生，假如你还认我为先生的话，又作为今天这场婚礼的证婚人，我送你们一句话，希望这是你们最后一次结婚！听到这里，徐志摩实在听不下去了，便走到梁启超面前低声说：请先生不要再讲下去了，顾全一点弟子的面子吧！

梁启超在给梁思成和林徽因的信中写道：我昨天做了一件极不愿意做之事，去替徐志摩证婚。他的新妇是王受庆夫人，与徐志摩爱上，才和受庆离婚。实在是不道德之极。我屡次告诫志摩而无效。胡适之、张彭春苦苦为他说情，到底以姑息志摩之故，卒徇其情。我在礼堂演说一篇训词，大大教训一番，新人及满堂宾客无一不失色，此恐是中外古今所未闻之婚礼矣。今把训词稿子寄给你们一看。青年为感情冲动，不能节制，任意决破礼防的罗网，其实乃是自投苦恼的罗网，真是可痛，真是可怜！徐志摩这个人其实聪明，我爱他不过，此次看着他陷于灭顶，还想救他出来，我也有一番苦心。老朋友们对于他这番举动无不深恶痛绝，我想他若从此见摈于社会，固然自作自受，无可怨恨，但觉得这个人太可惜了，或者竟弄到自杀。我又看着他找得这样一个人做伴侣，怕他将来苦痛更无限，所以想对于那个人当头一棒，盼望他能有觉悟（但恐深难），免得将来把徐志摩累死，但恐不过是我极痴的婆心便了。闻张歆海近来也很堕落，日日只想做官（志摩却是很高洁）。此外还有许多招物议之处，我也不愿多讲了。品性上不曾经过严格的训练，真是可怕，我因昨日的感触，专写这一封信给思成、徽因、思忠们看看。梁启超的训词当时许多人虽然觉得过分，可事后徐志摩与小曼的情况却不幸被梁启超言中，却也是小曼不争气，不能有所改变，为爱努力做人。

或许真是当局者迷，旁观者清。徐志摩与小曼看不到他们的问题所在，被爱情冲昏了头脑。每一个决定都要付出相应代价，爱情、婚姻亦是如此。徐志摩不顾一切地爱上小曼，一切的欢乐与痛苦就已经开始。王赓被迫离婚，痛不欲生，双方父母寒心。虽不一定有因果报应，但是人心中沉寂的情愫，却不知何时何地就会爆发。

徐志摩非达官贵人，也非富商大贾，以一般人的看法，徐志摩应该找一个贤惠的妻子。可徐志摩是个热情的人，他找妻子是找爱，而不是传统意义上的贤妻。小曼多么妩媚、多么可爱，虽然喜欢挥霍，有许多不良的生活习惯，但徐志摩相信，因为有爱，今后通过他的调理，小曼会变成他希望的那一类女人。一般人认为，像徐志摩这样的文人、教授的理想太太应该是凌叔华或韩湘眉那样有学问、有教养，既能教书、办报、写文章，又能相夫教子，上上下下打理得妥妥当当，上得厅堂，下得厨房。再不济，也得找一个像胡适夫人那样的旧式女人，虽然没有什么学识，但贤惠娴淑，可以把男人伺候得舒舒服服，让男人安心做事奔功名，每个成功的男人后头，都有一个这样贤内助。当时文人、学者的妻子，大多是像冰心、杨绛这样的知识女性。但徐志摩和一般人的理念不同，他求的不是现实，而是浪漫。总之，一般男人认为，理想的夫人能在精神和实际生活中助男人成功，能吃苦，能牺牲，以男人为中心，围着男人转，需要的时候首先牺牲自己，成全丈夫。

用这些的标准衡量小曼，小曼或许并不符合。因此除了胡适、金岳霖等少数朋友外，大多数的朋友认为徐志摩是胡闹，是发了爱恋狂，是神经病。陆小曼这样的女人最适合做官太太，现实一些，陆小曼做王赓的太太最适合不过，有名有实。可惜小曼不满足，这也是小曼不理性的一面，或许也是小曼可爱的一面。小曼的母亲说，徐志摩和小曼互相害了对方，互为因果，这是知情者的中肯之语。

小曼的母亲毕竟是一个经历过风雨沧桑，读过圣贤书，相夫教子一辈子的女人。她知道男女之间的相处之道，虽说吴曼华是一个旧式的女人，但却也是极聪慧的女人。事物的本身就处在不断变化之中，万事皆在变，但却有一些东西根深蒂固，雷打不动。那就是人的性格，小曼的性格从小如此，一直未曾改变。一时的爱情能让她收敛自己的脾气秉性，天长日久一切坏习惯都会慢慢地浮出水面。到时候，恐怕就是爱之深、责之切。小曼的母亲早已料到，小曼与徐志摩之间的问题，但是她还是希望女儿的这次婚姻能够像期盼中的那样美好。

徐志摩31岁了，他还没有真正拥有过一个女人，虽然十年前他就结婚了，但那不是他喜欢的女人。林徽因是他理想中的爱人，可他没有福气享受。只有小曼才是他爱、爱他，他也能得到的女人。一个情感丰富、感情热烈的诗人，到了31岁才有了自己喜欢，属于自己的女人，他怎能不珍惜？拥有小曼是他最大的满足，是他人生的成功。1926年10月，徐志摩与小曼正式结婚，依父母之命带小曼南下。在途中，他感慨地写道：身边从此有了一个人，究竟是一件大事情，一个大分别；向车外望望，一群带笑容往上仰的可爱的朋友们的脸庞，回身看看，挨着你坐着的是你这一辈子的成绩、归宿。这该你得意，也该你流出眼泪，前途是自由吧？

徐志摩与小曼的眼中满是幸福，现在可以毫无避讳地依偎在一起，是他们共同努力的结果。他们终究没有让这段圣洁的爱情灰飞烟灭，他们成功了。他们此刻是世界上最幸福的人，他会成为小曼引以为豪的丈夫，并一如既往地疼爱小曼，关心小曼。时间能够消磨人的热情，但是丝毫也不能伤害他们的感情。这是徐志摩对小曼的许诺，作为一个男人的承诺。

夜里，小曼有时会自己醒来，看看身边这个男人，心里便会踏实许多。这就是小曼要的生活，有一个爱自己、懂自己的男人，日日陪伴在身边。她知道这个男人不会因为工作冷落自己，不会让自己尝尽孤独的滋味。这是神仙般的生活，没有人不贪恋。

刚刚结婚的几天，他们一直忙着答谢曾经帮助过他们的朋友们。徐志摩与小曼一一拜访他们，表达他们的谢意。尤其是胡适，他就像是徐志摩的亲人一般，只要是徐志摩的事情，他就全力帮助。当他看见这对新人的时候，他表示祝贺，说他们两个是有情人终成眷属。但是，他们两个都是二婚，加上小曼与王赓的事情，所以胡适希望他们两个能够珍惜彼此，做一对要好的夫妻，不要让世人看了笑话。徐志摩与小曼，表明了自己的立场，知道自己的处境，他们一定好好生活，做一对恩爱夫妻，直到永远。这是他们两个的承诺，也是他们的真心。

徐志摩对小曼是极好的，总是嘘寒问暖，时刻注意小曼的情绪。虽说小曼从小娇生惯养，但是徐志摩这般的用心，小曼还是非常感动，以前所受的煎熬、痛苦都已经不重要，现在她身边的这个男人能够弥补一切的缺憾。与徐志摩在一起小曼又一种说不出的亲切，她不会害羞，不会不好意思，有什么话，什么要求都会很自然地说出来。徐志摩总是把她的要求当作圣旨一般对待。喜欢吃的、用的没有不称心的，徐志摩都一一替小曼置办。

小曼时常依偎在徐志摩的怀中撒娇，徐志摩年长小曼好几岁，他既是小曼的丈夫，又把小曼当作妹妹一样呵护。爱情甜蜜时，男女之间往往就是这样，分不清是爱情还是亲情，就是互相爱戴，超出常人千万倍。新婚宴尔，心情自然不是一般的好，他们两个人的新房中时常会传出银铃般的笑声。徐志摩这位浪漫的诗人，很会讨好女人，小曼是他的妻子，他更是不遗余力讨她欢心。小曼沉寂在徐志摩的爱情之中，就连天气也变得那样美好。有太阳的时候是阳光明媚的好，下雨天是烟雨蒙蒙的好。就算是令人心烦的阴天，也充满了诗情画意。

徐志摩与小曼都有自己的宝盒，他们将自己的宝盒打开，相视一笑，原来这些都是他们之间来往的书信和赠送的东西。现在念起那些信还是有些心动，小曼撒娇让徐志摩亲口念给她听，徐志摩也有些害羞了，当时就是一气呵成，没想到现在读起来那么强烈。徐志摩还是依了小曼，读起了那些曾经的情书。

这样的良辰美景让人陶醉，小曼与徐志摩一直沉寂在这种美好的氛围中。徐志摩知道小曼有绘画的天赋就鼓励小曼，眉啊，女人应该有自己的情趣、自己的志向，这才是新时代的女性。眉，你有这样的实力与气质，何不将你的天赋全数发挥出来，岂不是一桩美事。小曼点点头，答应了，只要是徐志摩希望自己做的，小曼一定会全心全意地去做。当时的小曼已经被志摩的柔情俘虏，她失去了自我，不想再进入社交场所，她想一辈子与徐志摩相守，不受外界的影响。可是与世隔绝，这又谈何容易。人生于这个世界上，就注定要与形形色色的人打交道。想将自己孤立，那是不可能的事情。

小曼与徐志摩的甜蜜日子让人羡慕，刚结婚的日子是小曼与徐志摩最幸福的时刻。徐志摩有时候想，就算是死也是知足了，此生能够拥有小曼，是上天的恩赐。塞翁失马焉知非福的故事，一直流传至今，自有它的道理。幸福的生活，轰轰烈烈的爱情里却隐藏着灾难，无人能料。

打开窗，满园景色皆是春……

第五章　前尘尽散，不许人间见白头

北燕南飞，世外桃源

美丽的风景，甜蜜的生活，小桥流水，烟雨蒙蒙。由北向南，一路美景，眼花缭乱。北国山水壮阔，像一个雄壮的男人；南方清风细雨，像一位惆怅的女人。身处大好河山，心在沉醉，眼已迷离。如诗如画，却更胜一筹。

走，走，一直走。眼中只有你的身影……

新婚之后，小曼跟随夫君徐志摩从京城出发到江南的一个名叫硖石的小镇完婚并拜见公婆。小曼被一路的美景吸引，她快乐得像一个小孩子，一直喋喋不休地对徐志摩讲着自己的感受。小曼说自己从未有过这样快乐的时光，感觉好轻松，没有压力和束缚，好久都没有这样的心情。徐志摩给了小曼重生的机会，徐志摩从此你就是我的全部，我的天。我此生就指着你活。小曼紧紧地抱住徐志摩，害怕他就像一阵风、一场梦。梦醒时分，还是自己一个人。徐志摩安慰小曼不要想太多，要珍惜现在的幸福。他们能够在一起不容易，历经了多少挫折与苦难。现在都不敢回头想，生怕幸福就是长着翅膀的小鸟，一眨眼就不见了。人总是这样的，越是幸福的极致，越会患得患失。

小曼是一个典型的新潮人物，但是不管她接受过多少新思想，为了自己心爱的人，赢得公婆的喜欢，还是有必要的。爱屋及乌这是一种爱情的情绪，何况是爱人的父母，一定要当是自己的亲人般爱戴。小曼心里有点害怕，担心徐志摩的父母不喜欢她这样一个女人。但是徐志摩安慰小曼，我的父母疼爱我超过自己，我爱的人他们一定会喜欢的。小曼心里充满了担忧，她希望他们能喜欢她，她愿意放下自己的架子，讨他们的欢心，她相信自己能令公婆满意。小曼说，结婚后的日子中我们的快乐就别提了，我们从此走入了天国，踏入了乐园。在北京结婚，一同回到家乡，度过了几个月神仙般的生活。

能够得到爱人，这是人生最大的乐事。徐志摩心中的女神，就是小曼这样的女人。思想新潮，博古通今，多才多艺，还能理解他作为诗人浪漫的情怀与抱负，不必对他百依百顺，那样的女人就像是一个花架子反而没有意思。但是必须与他有共同的思想，脑中无物的女人，徐志摩一点兴趣都没有。小曼与徐志摩心中的形象完全吻合，徐志摩的心被小曼深深地吸引。

徐志摩更是小曼心中理想的男人，懂得浪漫，明白女人的心，对自己堪称无微不至。这样一个男人，自己还有什么好挑剔的。徐志摩与王赓最大的区别就是，徐志摩永远把她放在第一位，不贪图名利，只做自己喜欢的事业，身上没有丝毫的铜臭味，这是徐志摩的优点，到最后却成了他致命的缺点，这就是人生，没有定数。善恶、好坏都在命运的轮回中时刻转变着。优点与缺点又有谁能够说得清。

此刻，他们是最快乐的人儿。什么闲言碎语，什么世俗道理都已经变成了遥远的声音。徐志摩与小曼拥有彼此，真切地感受到对方的存在。爱情走到现在已经完满。他们现在就是要将自己的爱情升华，让这份圣洁的爱，真正成为自己生活的一部分，生命的原动力。美丽的风景，世间万物开始锦上添花，变得更美了。

　　他们先到了上海，住在上海新新旅馆，一个很普通的旅馆。这个普通的地方也成为他们的浪漫驿站，一份不可或缺的回忆。徐志摩独自回到硖石，看新房施工情况。小曼一个人待在旅馆，她就像普通的妇人一样，等待着自己的男人回家。小曼现在的状态一点也不像一个名媛、交际花，俨然就是一个贤妻良母，温柔是女人的天性，没有女人不懂柔情，只是女人本性只有在遇上心灵深处的那个人才会慢慢展现出来。在徐志摩的眼中，小曼越发美丽了。徐志摩告诉小曼，你就是我今生的宝藏，用什么都换不走。

　　徐志摩看完新房的施工情况，就很快回到上海，因为他太思念小曼了，现在他已经离不开这个小女人了。他与小曼到朋友吴德生家暂住。吴德生对徐志摩和小曼十分好，一切都照顾有加。虽然在吴家的这段时间是寄居，总有一些不便，但是生活得还是很好，衣食方面的事情，吴家料理得十分周到。徐志摩与小曼住了一段时间后，征求小曼的同意，前往老家硖石看望自己的父母。这是他们结婚后的头等大事，因为徐志摩的父母没有参加他们的婚礼。徐志摩与小曼拜别吴德生，开始踏上了前往硖石的路。

　　徐志摩带小曼回硖石，想着这是一个一石四鸟的行程。一是为了带着新婚妻子履行拜见父母的仪式；二是尽儿子的孝道；三是为了讨父亲的欢心；四是想清静地过一段田园风光的生活，写些诗。小曼很支持徐志摩的想法，毕竟自己也想过简单、幸福受到家人祝福的生活，徐志摩的父母以后就是自己生活中不可缺少的人。小曼想做一个讨公婆喜欢、孝顺的儿媳妇，也不枉费徐志摩对自己的情意。徐志摩是一个极孝顺的人，信奉百善孝为先的古语。徐志摩告诉小曼这次他们的婚礼已经伤了二老的心，不能再让他们操心了。

小曼心疼徐志摩，所以小曼下定决心要放下自己所有的大小姐脾气，做一个贤良淑德的女人。她想和以前的自己告别，以前是年少无知，现在已经是别人的妻子。与王赓的婚姻，让她成熟了不少，她也学会了不少礼数。小曼告诉徐志摩，她一定会尽力让两位老人高兴，小曼让徐志摩不要担心，她相信自己有这样的实力。

11月16日，新婚夫妇回到硖石，住进父亲给盖好的漂亮、舒适的新居。徐志摩在写给张慰慈的信中详细描述了回到硖石的情景：在上海一住就一月有余，直到前一星期，我们俩才正式回家，热闹得很啊。小曼简直是重做新娘，比在北京做的花样多得多，单说磕头就不下百次，新房里那闹更不用提。乡下人看新娘子那还了得，呆呆的几十双眼，十个八个钟头都会看过去，看得小曼那窘相，你们见了一定好笑死。闹是闹，闹过了可是静、真静，这两天屋子里连掉一根针的声音都听出来了。我父在上海，家里就只有妈，每天九点前后起身，整天就管吃，晚上八点就往床上钻，曼直嚷冷，做老爷的有什么法子，除了乖乖地偎着她，直偎到她身上一团火，老爷身上倒结了冰，你说这还是乐呀是苦？

究竟应该是乐吧，徐志摩一定享受在其中。能够成为心爱的女人的依靠，不是所有男人都有这样的福气。徐志摩觉得自己是世界上最幸运的人。患难见真情，小曼就算是多么艰难也没有抛弃自己。徐志摩要加倍地对小曼好。小曼以后就是自己的女人，没有人会比自己更加疼爱小曼。小曼吸尽自己的身上的温度算什么，就算是要付出他的生命，徐志摩都是愿意的。

徐志摩是为了讨父亲的欢心才回老家硖石的，他也准备在硖石多住一些日子。他在写给张幼仪的信中说，他准备在硖石隐居，好在硖石有他喜欢的蟹和红叶。回硖石之前在上海的日记中写道：蜜月已过去，此后是做人家的日子了。回家去没有别的希冀，除了清闲，译书来还债是第一件事，此外就想做到一个养字。在上养父母（精神的，不是物质的）与眉养我们的爱，自己养我的身与心。徐志摩喜欢这种田园式的生活，让他身心完全放空，这样他才能写出更好的诗句。如果一切都像料想的那样，一切都只如初见，那该有多好。

可是回家之后才过了一个月，徐志摩的父母就因为看不惯小曼的行为做派而离家出走。这上养父母首先失败了，自然也没有讨得父母的欢心，而且与父母不欢而散。徐志摩的父母没有正面批评小曼的行为，只是用出走表明他们的立场。他们的生活里绝对容不下这样的儿媳妇，这是怎样不懂妇德的女人，让人发指。

作为一个历尽千辛万苦才在一起的人，怎么不能暂时收敛一下自己的性子，却做一些惹人厌烦的事情，让徐志摩两头为难。徐家二老不喜欢小曼，小曼是知道的，但是她并没有因此而掩饰自己的个性。或许她是一个真性情的人，或许她就是一个恃宠而骄、自私无比的人。没有人能给小曼一个准确的定义，就连徐志摩也一定被小曼的好与坏折磨着。

徐志摩的父母与小曼住了一个月后，摩擦越来越大，各自长期在不同的环境中生活，不合之处自然不少。他们看不惯小曼的言行，离开老家到了天津。在天津，他们给在北京的干女儿张幼仪发了电报，要她速带一女佣来天津某旅馆相见。张幼仪立即赶到天津，张幼仪到天津以后，看到老爷和老太太非常烦恼的样子。老太太想起与小曼见面的情形，怒发冲冠地说："陆小曼竟然要求坐红轿子！这种轿子需要六个轿夫扛，而不是两个人抬的普通轿子，而且一个女人一生只坐一次。"可见老太太也是一个被传统思想禁锢了头脑的人。老太太话讲太快，声音都发起抖来了。她继续讲："吃晚饭的时候，她才吃半碗饭，就可怜兮兮地说：志摩，帮我把这碗饭吃完吧。那饭还是凉的，志摩吃了说不定会生病啊。"

这是徐志摩的母亲找出了两件她极不能接受的事情讲给张幼仪听，或许她还有千百件看不惯、不喜欢的事情。也许小曼的任何一个举动老妇人都不喜欢，已经产生的印象很难改变。一个守旧、大门不出二门不迈的女人，最接受不了这样的女人。她们思想已经根深蒂固，这辈子都很难改变，她对小曼有偏见这是情理中的事情。

接着徐申如说：现在，你听听陆小曼下面说什么，吃完饭，我们正准备上楼休息的时候，陆小曼转过身子又可怜兮兮地对志摩说："志摩，抱我上楼。"老太太差不多是尖叫着说：你有没有听过这样懒的事情？这是个成年女子呀，她竟然要我儿子抱她，她的脚连缠都没缠过。所以，我们就到北方来找你啦，你是我们的干女儿嘛。如果一个人先存了偏见，那对方的所有行为他都看不惯，徐志摩父母与小曼的矛盾大概就是这一类。张幼仪把二老带到北京她自己的家中住下。

小曼的身上也有不少的毛病，以前他对王赓的父母没有太上心过。王赓的父母也不会有这样的架子，毕竟陆家比起王家也算是更胜一筹，当初王赓也是费了很大的力气才娶到小曼。虽然王赓是少年才俊，但是家境不如小曼家殷实。王家的父母就算是心里不高兴也从来没有挑剔过小曼。而且，小曼的父母与王赓的父母关系融洽，小曼对于公婆关系上并没有什么经验。更何况，从一开始徐家的二老就对小曼存在看法，这就更难了。

住在硖石小镇这段日子里，小曼不能入乡随俗，一切按北京的排场要求，什么都讲究名牌，这让公婆气愤，这样的儿媳妇根本不是他们想象中的儿媳妇，他们当然看不惯，而且认为小曼根本不懂体贴他们的儿子，而是专门折磨他们的儿子的，他们自然反感。

这是所有父母的心理，一个挥霍无度的女人，一个只会吃喝玩乐的女人，没有父母会喜欢这样的儿媳妇。小曼成为那个小镇里人们茶余饭后的谈资，自然不是什么好话。北京算是个早就被文明净化的地方，那里的人们都难以接受小曼的行径。偏远小镇的人们更是看不起这样的女人。排场越大，讲究越多，越让人在背地里谩骂。女人都说，什么东西，还以为自己是皇贵妃，就是一个交际花。徐志摩娶了这样的女人，真是徐家的不幸啊。

他们说得也有道理，小曼这样的女人，任何男人都不能牵绊住她。徐志摩只是暂时得到了她的垂怜，她的一时欢乐。终究，她的坏习惯慢慢浮出了水面。父母已经因为这个他深爱的女人离开，他不能不正视这样的问题。但是，爱情的力量还是支持着徐志摩，他想，小曼不会一直这样，她还像个孩子一样。总有一天会好起来，他们会过上平静的生活。

12月间，北伐军渐渐逼近，孙传芳的部队加紧备战，硖石一带处于战线的中心，一天也住不下去了，徐志摩与小曼仓促乘船到了上海。归隐和过田园生活的美梦破灭了，和小曼这样在大城市长大的名媛在一起生活，想归隐和过田园生活，本身就是笑话。紧张的局势只是他们离开硖石的导火线，离开是迟早的事情。

乡下的生活根本不能满足小曼对于交际的需要，只有北京、上海这样的城市才是名媛渴望的故乡。住了一个多月小曼已经开始厌烦，徐志摩只是让她拿起画笔，自己则是看书、写诗。小曼觉得这样的生活十分无聊，小曼发现自己已经没有太多的乐趣去作画，没有那种情绪。自从离开学校，小曼就已经少有这种作画的心情。

欣赏风景也是暂时的吸引，那样的小镇，虽然如画般美丽，但是如果读不懂，就会很快变成穷山恶水，没有一点意义。小曼本就是一个心性浮躁的人，更是受不了徐志摩心中所谓的田园风光。对于小曼来说，这就是乡下，要是待一段时间还行，长期下去，小曼觉得自己一定会疯狂。

离开，离开他们曾经最原始的幸福……

芥蒂渐生，深情何赋

小桥流水近人家，情到深处化泪珠。生生世世的约定，今生已经远惆怅。你的身影便是指路明灯，照亮了我前进的路。岸边的绿柳依然柔美，白色的柳絮轻轻地飘落。我依然是我，你还是当初的你吗？爱情与现实的斗争，从古至今都是如此惨烈。

徐志摩是浪漫主义诗人，他所憧憬的爱，是虚无缥缈的爱，最好永远处于可望而不可即的境地，一旦与心爱的女人结了婚，幻想泯灭了，热情没有了，生活便变成白开水，淡而无味。小曼心里是这样认为：志摩对她不但没有过去那么好，而且干预她的生活，叫她不要打牌，不要抽鸦片，管头管脚，她过不了这样拘束的生活。她现在就像是笼中的小鸟，她很苦恼，她要飞，飞向郁郁苍苍的树林，自由自在。

矛盾开始浮出水面，他们这次的硖石之旅，仅一个月的时间徐志摩父母就因为看不惯小曼的行为做派，愤而出走。这就是小曼后来说到的不到三个月就出了变化，他的家庭中，产生了意想不到的纠纷。徐志摩是一个孝子，他忍受不了父母受到这样的打击，有时候暗自自责，都是因为自己盲目的爱情，才让已经这般年纪的父母离家出走。徐志摩理解老人的心，他们一定是心疼自己，希望自己能过上幸福的生活。想必是他与小曼，眼前的一切景象让他们失望透顶了。

徐志摩还是一如既往地爱着小曼，他们的爱情从来没有改变。只是现实让他们的爱情变得脆弱，打着爱情的旗号走到一起的人，要是没有爱情的支撑，将如何继续？徐志摩坚持自己的爱情，就算是遇到现实的阻力，他也要继续下去。他们已经没有任何退路，只能这样爱下去。小曼沉寂在徐志摩为她营造的安逸氛围之中，根本没有感受到危机。她还是随性地生活。

从这时开始，徐志摩父母对小曼不再有好感，他们与小曼之间的关系已经雪上加霜。徐申如夫妇离开硖石时太匆忙，没有安排徐志摩夫妇的日用花销。也许是因为讨厌陆小曼什么都要高档的、外国的，不愿在经济上支持她的这种奢侈、挥霍，有意不给他们钱财。按说这个时候他们已经把家分作三份，张幼仪可以从家族生意中每月支取 300 元，但徐志摩夫妇好像一直没有这笔钱，这显然是徐申如有意控制。因此当徐志摩夫妇仓促逃离硖石时，竟没有路费，也无权从家族公司中支款，这些恐怕都是朝着小曼来的。徐志摩不得已向舅父沈佐宸借款方得成行。

这种经济上的封锁，加速了小曼与徐志摩之间矛盾的激化。小曼难改挥霍的习性，失去了父母的支持，强大的经济压力就落在了徐志摩的肩上。小曼是一个骄纵惯了的人，只要有施展的机会，她一个也不肯放过。徐志摩就一直为这个娇贵的女人买单，毫无怨言。

小曼的心里无时无刻不爱着徐志摩，但是她就是这样的性子，改变不了。她需要鲜花簇拥的生活，不进入舞池挥洒自己的舞姿，她觉得自己就失去了活着的意义。她本以为徐志摩那么疼爱自己，一定会支持自己这样的生活，至少徐志摩不会阻拦自己享受快乐。她想两全其美，既得到徐志摩的爱情，又能活跃在社交圈里。这就是小曼想要的完美生活，但是世间十全十美的事情太少了。有时候必须要做出选择，鱼和熊掌不可兼得。

到了上海后，他们的经济状况更糟。先是住在通裕旅馆，一家普通客栈，生活很不方便。为了舒坦一点，随后搬到宋春舫家。这确实没有办法，他们的经济实在是存在着危机。在上海没有现成的房子，一时间又没有合适的租用。就在那个客栈里凑合，小曼和徐志摩都受了一些苦。他们都是大家出身，尤其是小曼，一直都是锦衣玉食，她根本就不知道落魄的生活是什么样子。住在这样的小旅馆里也实属无奈，都是为了徐志摩。当小曼因为这样的生活发脾气时，徐志摩总是耐心地抚慰她，告诉她一切都会好的，让小曼再坚持一段时间。

还未搬家时，徐志摩在给张幼仪的信中说：知道你们都好，尤其是欢进步很快，欣慰得很。你们那一小家庭，虽是新组织，听来倒是热闹而且有精神，让我们避难人听了十分羡慕。你的信已经收到，万分感谢你，幼仪，妈在你那里各事都舒适……我不瞒你说，早想回京，只是走不去，没有办法。我们在上海的生活是无可说的……破客栈里困守着，还有什么生活可言。日内搬至宋春舫家，梅白路六四三号，总可舒坦些！

结发夫妻离婚后，还是会有感情。只是这种感情一般都是亲情，互相之间就如同亲人，知己般亲切。徐志摩与张幼仪之间就是这样的关系，虽然离婚了，还是互相关心，彼此照顾。当徐志摩执意要与小曼结婚的时候，张幼仪没有反对。因为张幼仪不是站在前妻的立场，而是朋友的立场看待这件婚事。既然徐志摩这么执迷不悟，一定深爱着那个女子，一辈子遇上真爱也实属不易。她就摆明了自己的立场，因为她了解徐志摩的为人。就算当时她反对，徐志摩还是不会打消迎娶小曼的想法。张幼仪看了徐志摩写的信，心里有一丝丝酸楚，她也不知道徐志摩这次娶的女人是否能给他带来幸福。

到了上海之后，徐志摩一时找不到理想的事做，先是想通过恩厚之的帮助，与小曼一起到国外读几年书。通过胡适的周旋，泰戈尔的秘书恩厚之答应给他们一笔钱。可当恩厚之寄来旅费后，他又不去了，由于是小曼体弱多病和其他的原因，徐志摩也只好放弃。如果他们当时按照原计划出国了，后面的故事也许会不一样。国外的生活更适合他们两个人，没有世俗的烦恼，在异国他乡没有人知道他们的过去，也没有人会反对他们，一切会慢慢地好起来。再说只要小曼脱离那个令她浮躁的环境，没有办法进入交际圈，她的心也会慢慢地沉寂下来，好好地生活，好好地作画。

外国不去了，徐志摩开始在上海找事。为了生存，在光华大学找了一份教职，又在法租界找到一处住宅，到此他们夫妇总算在上海安顿下来。小曼后来在文章中写道：离开家乡逃到举目无亲的上海来，从此我们的命运又浸入了颠簸，不如意事一再地加到我们身上。爱情的光辉渐渐退去，小曼也很苦恼，这段时间她受到了前所未有的苦。在自己家里的时候那就不用说了，每天都是富足的生活，从来就没有为钱发过愁。后来嫁给王赓，虽然他们之间没有激情，没有缠绵，但是她的生活依然衣食无忧，现在居然过上了几近贫困的生活。

在上海受了几月的煎熬，小曼染上一身病。小曼身体本来就不好，她黑白颠倒的生活方式，与王赓离婚的种种坎坷，都加速了她身体的疾病，她的身体越发不好了，后来的几年中，小曼每日与不同药炉做伴。小曼最害怕中药的那种味道，不喝已经感觉到苦了。这样的苦药她每天都要服用。拖着生病的身体，小曼的情绪更加不好，时常摔东西，有时候刚熬好的药，就被她一发脾气摔在地上。

小曼想自己的身体照顾不了徐志摩，徐志摩也得不着半点的安慰，小曼一直觉得对不起徐志摩。在上海的这些日子，跟着徐志摩，小曼吃了一些苦，等到在上海法租界安顿好后，他们就进入安家立业的生活。他们终于开始了真正的生活，婚后一直没有安定下来，不是住旅馆就是住别人的家里。现在终于有了一个还不错的固定居所，小曼与徐志摩都非常开心。

在上海，小曼很快如鱼得水，欢畅自如，再没有先前的愁苦相了。而徐志摩却在写给胡适的信中说，他不喜欢上海这个地方。徐志摩在日记中写道：我想在冬至节独自到一个偏僻的教堂里去听几曲圣诞的和歌，但我却穿上了臃肿的袍服上舞台去串演不自在的腐戏。我想在霜浓月淡的冬夜独自写几行从性灵暖处来的诗句，但我却跟着人们到涂着腊的跳舞厅去艳羡仕女们发金光的鞋袜。这就是徐志摩最真实的内心，只是小曼没有意识到徐志摩的不快。她还是过着自以为充满乐趣的生活，她以为徐志摩与自己一样享受上海繁华的生活。

当快乐的小曼拽着徐志摩唱戏、跳舞时，他不仅没有感到快乐，而且感到十分烦恼和厌烦，因为这不是他要的生活，是小曼要的生活，可他却必须跟着过这种生活，而他想过的却是另一种有作为的生活。他喜欢真实的生活，在徐志摩的心里，社交生活只是浮躁生活的一角，多则无益于身心健康。在那样的生活里，徐志摩没有灵感，他写不出任何有质感的句子。徐志摩想要浪漫的生活，那是真正的浪漫，完全是精神上的享受。不是这种物质堆积起来的假象，越是热闹非凡的聚会，空虚的灵魂就会更多。

徐志摩想回到以前的生活，虽然是孤独的，但是他却是自由自在地追求自己所崇尚的艺术。他现在已经开始因为生计和钱财发愁，一路走来三十多年，徐家虽不是什么大富大贵的人家，但是徐志摩一直过着衣食无忧的生活。父母对于徐志摩的爱，徐志摩深深地记在心中。现在因为自己娶了小曼，家中已经不再那么慷慨地提供物质帮助。其实以他自己的能力以及在文学界的影响力，过上普通人家的生活没有问题。小曼是名媛，普通的生活根本不是她的追求。她希望轰轰烈烈地生活，不想做一个普通的女人。每天大门不出，二门不迈，那样的日子不是生活，是坐牢。徐志摩需要更加努力地工作，为自己妻子昂贵的生活买单。

徐志摩是诗人，多情浪漫，容易对女性产生感情。他有精神洁癖，注重精神生活，喜欢大自然，与小曼喜欢热闹的社交生活有本质的不同。徐志摩是理想主义者，他认为，只要她爱他，将来一定能让她与他志趣相投，但事实证明这是不可能的。两个人的目标不同，生活中就少不了摩擦和失望。

田园蜜爱是恋爱初期，陷在爱情里的二人世界。进入现实生活，爱情就会慢慢开始变化，生活琐事开始与爱情一决高低，没有任何人的爱情能够抵抗时间的消磨，只是有的爱情会随着时间的推移，变成无人取代的亲情。相濡以沫的生活是夫妻的必经之路，没有人能够轰轰烈烈一辈子。

小曼与徐志摩的爱情更是一种精神层次的追求，他们之间的感情没有掺杂任何物质因素。小曼头也不回地离开了王赓，放弃了官太太的生活投入了徐志摩的怀抱。徐志摩不顾前途与小曼结婚，他们真心相爱，感动了身边的人。只是他们的爱情依然是镜中花、水中月，虽然美好，但是终归是不实际的东西多于现实。他们根本没有考虑两个人存在的差异，只是觉得爱情已经占领了高地。没有闲暇的时间和精力想这些事情。现在他们之间生活态度的差异已经开始影响他们的感情。

小曼喜欢城市生活中灯红酒绿的沉醉与刺激，喜欢那种像吸了鸦片一样的兴奋、享受的感觉。到 1927 年，她已经过了 8 年这样的生活，这已经成为她的习惯，积 8 年之久的习惯和生活方式，已经成为她精神和心理的需要。冰冻三尺，非一日之寒，要想改变非一般意志所能为。她觉得这种生活很愉快，希望这样快乐的生活永远下去，因为她还年轻，她要享受生活。

徐志摩开始干涉她的生活，经济原因是一方面，小曼的身体实在是不好，她现在已经离不开药罐子，就像林妹妹一样。但是小曼却不知道爱惜自己的身体，一直任由自己的性子作践自己的身体，徐志摩因为小曼的身体一直很苦恼。小曼现在是他的妻子，徐志摩想更加呵护她，希望小曼健健康康，永远开心快乐。

徐志摩心中还是小桥流水，眼前还是美丽佳人。他坚信小曼就是他一直等待的伴侣。他还是满怀希望，小曼一定会为了他，为了他们之间的爱情而改变自己，不再那样生活。只要小曼能够回头，他就心满意足了。交际场上鱼龙混杂，徐志摩还担心小曼会变心，这是完全可能出现的情况。他见识过小曼在交际场上的风姿，那么迷人。徐志摩也有点神经质了，他有时候会害怕别人看见小曼的美，从他身边抢走，他会像王赓一样绝望。但是这样的念头都会一闪而过，他相信小曼对自己的感情一定是真挚的。

小曼开始觉得徐志摩不理解她，一直在逼她。她不愿意改变自己的生活方式和生活习惯，即使徐志摩再管也无用，她不仅不会听，反而会起反感。她从来没有想过要反思自己的生活。这就是小曼最大的缺点，她的固执会伤害身边的人。她一直像个公主一样生活，一切都想随自己的心意，她总有自己的道理。别人劝阻她，就是不理解她，不爱护她。她就是这样倔强，从女孩到少妇。

徐志摩父母的态度也让小曼寒心，她看不见自己的错误，只是觉得徐家二老就是针对她，以为她是一个离过婚的女人。对于他们的经济徐家居然不伸出援手，小曼觉得很委屈。这就是她进入徐家以后的待遇。现在小曼也在消极对抗，她还是要过自己的生活，整天吃喝玩乐，其他一概不管。一切的开支都由徐志摩来承担，小曼是一个对金钱没有概念的人。她根本就不知道，自己昂贵的社交费用意味着什么。她不知徐志摩因为这些钱付出了多少努力。

她要过自由自在的生活，这是她的生活理念，不管与谁生活在一起，都无法改变她的这一人生态度。她不想因为一个男人而变成守旧的女人，失去自我。一辈子的时间过去了，都是在为一个男人活着。小曼觉得这样的生活是可悲的。好雨知时节，梅雨季节的雨实在是让人心烦。所有的东西都湿湿的、潮潮的，小曼的旧疾也严重起来。这段时间，小曼还是没有闲下来，有时候会在家里会客。她的人缘一直都是这么好，从来不缺少聊天、喝茶的朋友。

不管是王赓、徐志摩还是翁瑞午，都不可能是她的全部。她不想让别人管，不想被束缚，不想像别的女人那样过传统的生活，她要自己的生活，独特的生活。但什么是自由自在，她并没有深思过。她要跟着自己的感觉走。世界上像小曼这样的女人是极少数，多数女人还是会顾及自己家庭还有亲人。

　　小曼与王赓、徐志摩都没有一儿半女，但是小曼却没有因为没有孩子的事情难过。若是有个孩子或许小曼的性子会收敛一些，但是老天却是这样安排，她一直都没有孩子。这种情况更加助长了她放纵生活的心理，男人不能成为她的牵绊，又没有嗷嗷待哺的孩子，所以她比任何女人都要自由。

　　能理解她这种人生态度的人，与她相处自然愉快，像翁瑞午；如果干预、反对她的人生态度，自然最终只能变成冤家，像王赓和徐志摩。她的自由是绝对的自由，她的感觉才是最重要的事情，她不想干涉别人，也不想让别人干涉她，这就是她的生活态度。她不想做笼中的小鸟，她要自由。可是，婚姻与自由是相悖的，是冲突的，要婚姻还是要自由，也许永远是小曼这种女性的矛盾。

月满花开，情暖一场

　　又是一个情满人间，那个午后，夕阳透过轻纱照在一个女子的脸上。幸福的颜色绽放着光芒，女子望着窗外，她在等丈夫回家。最真实的等待、最深情的凝望，那是白头到老的思念。不求你生生世世的柔情，只求你朝朝暮暮的陪伴。

　　执子之手，与子偕老。这是多少人追求的爱情宝塔，每个相爱的人都希望自己能够站在爱情的塔尖，体验最美好的时刻。爱情令人疯狂，几近疯狂之后就是平淡中夹杂着烦恼的生活。相爱容易相守难，多少人只能享受爱情的轰轰烈烈，却经不住生活的琐碎。

人生之情应该细水长流，天崩地裂的爱情到最后或许都是破碎收场。徐志摩对小曼的好，小曼深深地藏在心里，只是某一刻她的心开始独自落泪。小曼与徐志摩在硖石不到两个月他们就被迫离开家乡逃到举目无亲的上海，从此他们的命运浸入了颠簸。在上海受了几月的煎熬小曼染上了一身病，后来的几年中就无日不同药炉做伴。

小曼在那段日子中确实受了不少苦，这是她没有料到的。事实上，她自己身体一直都不怎么好，她以前就有心脏病、胃病、神经衰弱等疾病，在北京如此，到了硖石，后来到了上海，一天里没有半天或小半天完全舒服，更加严重了。病是一直带在身边的，她是一辈子在病痛的折磨中度过。

冬天，小曼与徐志摩来到了上海，他们到上海仅仅几日后，小曼就开始与一班票友登台唱戏，并且硬拽上不情愿的徐志摩，小曼还经常光顾舞厅。小曼过得快乐、惬意，这就是小曼想要的生活，也是她的兴趣所在。小曼本就很喜欢跳舞和唱戏，只因为小曼的身体一直欠佳，而唱戏又是一件十分浪费精力和体力的事情，所以有时候她觉得十分疲劳。

徐志摩也被小曼强拉起唱戏，徐志摩不喜欢这样的生活。他的内心一直处于挣扎状态。徐志摩厌倦这样的生活，因为小曼却默默地忍受，只是在他的心中，小曼的形象也慢慢地开始变化。徐志摩开始怀疑小曼并不是他心中的那个女人，小曼喜欢的繁荣并不是他想要的生活。

　　小曼心里想的是唱戏和跳舞，而徐志摩却想让她成为一个画家或作家。徐志摩因小曼不听他的话，不做功课，不与他静静地相守，过他们理想、安静的生活而烦恼。这时，他们因情趣不同，生活中开始有了裂隙。这种裂缝在一时之间无法改变，只能任由他们之间的感情自由发展。

　　小曼是一个不甘于寂寞的人，她喜欢男人的陪伴、男人的宠爱。她是一个受不了平淡的人，她与王赓分手就是这个原因。小曼很快有了非常默契的知己翁瑞午，陆小曼是有这种本事，也有这种本钱的。徐志摩不情愿做的事，自有人情愿代劳，就像当初他代劳王赓陪陆小曼玩一样。翁瑞午是陆小曼生活中出现的第三个关键人物，他几乎伴随着她与徐志摩婚姻的始终。

　　徐志摩在上海的日子一直不怎么愉快，从徐志摩的日记中就能看出来，他一直饱受煎熬。12 月 28 日徐志摩写道："投资到美的理想上去，它的利息是性灵的光彩，爱是建设在相互的忍耐与牺牲上面的。"他需要的是性灵的光彩，因此他要投资到美的理想上去，但是他逐渐发现爱情并不是单纯的美，在爱情的背后更多是忍耐和牺牲。徐志摩已经开始意识到自己需要忍耐小曼，牺牲自己，婚姻变成忍耐是理想主义诗人的悲哀。这不是诗人独有的悲伤，爱情本身就隐藏着失望。轰轰烈烈的美丽就像是灿烂烟火，瞬间绽放，瞬间美丽，留下的却是遮天蔽日的黑暗。

　　现实的琐碎可以磨掉一切光辉，当爱情的光环一层层褪去，留下的就是一个谁都不愿看到的真实。多少缠绵悱恻的爱情，不是殉情就是不能在一起的终身遗憾，又或者是一句，从此，他们幸福地生活在了一起。只有想象是美好的，无法接受的缺点，只有留给包容和忍耐。

小曼的身体一直是徐志摩担心的事情，自从徐志摩遇见小曼就没有见过她有一天是完全舒服的。一天之中总有一些病痛缠绕着小曼，每次都让徐志摩无比心痛。小曼却是一个固执的人，她只想享受欢乐，病痛的折磨完全抛到了脑后。徐志摩对小曼已经无计可施，他只是想起曾经一起快乐的日子，他们经历了那么多挫折才能走到一起，但是现在小曼却不去珍惜这份情谊。那时候为了在一起，他们付出了许多，伤害了很多很好的人，包括自己的父母。但是现在终于在一起了，却不如那时候相亲相爱。怎样才能真正融化一个女人的心，这是徐志摩思考最多的问题。他曾经以为他已经得到了小曼的心，小曼的心中一定只有他。事实看来不是这样的，一切的美好都只是他一个人的幻想。徐志摩的情绪一直都不好，他不知道怎样才能高兴起来。

徐志摩开始绝望了，结婚不久就陷入感情的低谷。现在是绝望，伤心只是绝望的开始，看来徐志摩已经伤心透了。难道自己的选择是错的？徐志摩经常这样想，但是爱情是没有对错的，徐志摩坚信。到底是什么地方错了？唯一的解释就是爱错了人。小曼或许不是自己一直想要找的那个人。他，真正想要找的人不是这样浮躁，不是这样任性，一点追求都没有。徐志摩慢慢看透了小曼，她是一个没有深度的女人，只贪图享乐。徐志摩很苦恼，不知道接下来怎么生活。他与张幼仪的生活只是无趣，但是与小曼的生活却是折磨。

清明节到了，自然万物已经开始有了新的景象。想到许久都没有亲近大自然了，小曼与徐志摩决定外出踏青。小曼最喜欢热闹，徐志摩走进大自然多少有了一点活力，但是徐志摩兴致还是不高，一直处于冷静的状态，不悲不喜，既不是开心，也不是难受。这次是与翁瑞午一起游山玩水，显然小曼的兴致比徐志摩更高，而且也是历来最积极踊跃的一次。清明节徐志摩与小曼回硖石扫墓，但在扫墓前已经与翁瑞午约好扫墓后一起在杭州游玩几日。

　　这次游玩是翁瑞午提议并做东，因为杭州有翁家的祖业和茶山，显然这次游玩是翁瑞午为讨好陆小曼的一次盛情招待，同时也是为了展示他家产业的雄厚，祖业的石碑上还有翁瑞午尊人手笔，可见翁家在此地的影响。小曼自然玩得很尽兴，她不会放过任何一个娱乐的机会。一路上小曼表现得很兴奋，很久没有看到小曼这么开心了，徐志摩看在眼里，心里有一种莫名的酸楚。翁瑞午不是什么等闲之辈，是上海有名的票友，与小曼一样喜欢吃喝玩乐，有共同的爱好，自然对小曼有很大的吸引力。

　　徐志摩在日记里写道：下山在新吃早餐，回寓才八时。十时过养默来，而雨注不停，曼颇不馁，即命与出游。先吊雷锋遗迹，冒雨跻其巅而赏景焉。继至白云庵月老求签。翁家山石屋小坐，即上烟霞，素餐至佳，饭毕已三时。天时冥晦，雨亦弗注，顾游兴致感勃勃，翻岭下龙井，时风来骤急，揭瑞与顶，夫子几仆。龙井已十年不到，泉清林旺，福地也。自此转入九溪，如入仙境，翠岭成屏，茶丛嫩牙初叶，鸣禽相应，婉转可听。尤可爱者则满山杜鹃花，鲜红照眼，如火如荼，曼不禁狂喜，急呼采采。迈步上坡，跻亦弗顾，卒集得一大束，插戴满头。抵理安天已阴黑，楠木深郁，高插云天，到此吐纳自清，胸襟解豁。

杭州真的是人间仙境，铸就了多少美丽的爱情。白娘子的千年之恋，断桥犹在。世人皆感叹这样的奇女子，为爱牺牲自己千年修炼，被囚禁于雷峰塔里直到西湖水干，雷峰塔倒，也要许仙一世短暂的爱恋。这是何等的悲壮！多少人为了爱情万劫不复，却还有一些人不懂怎样珍惜自己的爱。人都是后知后觉的，只有失去后才知道拥有的可贵。

徐志摩决定放松心情好好欣赏眼前的美景，小曼与翁瑞午依然那么亲密有说有笑，徐志摩只是看在眼里。徐志摩想小曼虽然任性，但是他相信小曼对他的心一定是真的，与翁瑞午就只是志同道合的朋友，他要改变自己，让自己能够更加理解小曼。或许他们之间的爱情也会变成永恒的神话，直到死亡的那一天，他们还是紧紧相拥，为了此生拥有彼此而庆幸万分。

这次外出踏青还是很尽兴，徐志摩决定要更加爱护小曼，尽量理解她，希望过了这段磨合期后，彼此之间能够互相体谅，成为一对让人羡慕的夫妻。回到上海 3 个月后，他们搬到了法租界的花园别墅，最后又搬到福熙路四明新村，租有一座同样是三层楼的豪华住所。租这样的房子完全是为了小曼的社交需要，小曼是一个讲究排场的女人。要是住的房子拿不出手的话，小曼一定会非常苦恼。徐志摩为了满足小曼的虚荣心，找了一个不错的住所。他们来到上海后，小曼也吃了不少的苦，徐志摩知道。小曼为了住所的问题，跟他哭诉了很多次，有时候还会发脾气。徐志摩想自己是一个男人应该给妻子提供优越的生活条件，现在这个房子已经堪称豪华了。

这是一所上海老式石库门洋房，高爽宽敞，环境幽静，治安管理井井有条。这种石库门洋房一般由一家几代一起居住，是真正有钱人家的理想选择，与上海一般的新式弄堂或公寓不同，是一种身份的象征。这样的房子光房租一月就近两百元，没有一定家产，不敢作此考虑。平常居家过日子的人最多选择一处新式弄堂房子或公寓，只有讲排场，把自己看作有钱人的人才这样安排自己的生活。小曼过惯了有钱人的生活，这样的房子在她看来并不觉得有什么过分。

这所房子的结构是这样的：楼下当中客堂间，陈设很简单，当中摆设佛堂，一般没有人到这间屋子里来坐；边上那间统厢房是陆老太爷的房间；二楼亭子间是陆老太太的房间，有内外两间之分，内间是陆老太太的卧室，外间则是来了亲戚住的；陆小曼和徐志摩住在二楼统厢房前的那一间，后面一间是她的私人吸烟室，只有一张烟榻；二楼客堂才是真正的客堂，也有一张烟榻，供客人吸烟使用，中间一张八仙桌，是吃饭的地方，但只限吃晚饭。三楼亭子间是徐志摩的书房。这所房子，装饰豪华、讲究，陈设也很精致，有古玩，有花卉，有文房四宝。在陆小曼干女儿何灵琰的记忆中，这所房子是极洋派的。

住在这样的豪宅里面，真正属于小曼的生活开始了。她就是要住在这样的房子里，享受这样尊贵的生活。房子并不是小曼的终点，小曼想要过热闹的社交生活，热闹的聚会。房子只是社交必须具备的一个场所。徐志摩以为给妻子准备这样的房子能够让她高兴一些，缓解他们夫妻之间的矛盾，但是没有想到一切都仅仅只是开始。

千年隽永，情之所钟

春花秋月年年有，唯有吾爱暖人心。为你极尽我之所能，只盼换来你的半分笑靥。相爱容易相守难，一切的难题都由我一人承担，你只要享受我为你缔造的爱情神话。

相信：唯有爱经得起时间的消磨。

承诺：此生的挚爱。

期盼：千年隽永的深情。

徐志摩为了小曼真的是竭尽所能。关于小曼与徐志摩的房子，当时的朋友都有很深的印象。郁达夫的夫人王映霞回忆说，陆小曼在上海租了一幢房子，每月租金银洋一百元左右，那房子是极好的，看着就让人羡慕。我们是寒碜人家，这个数目可以维持我们大半月的开支了。我们绝不会有这样的钱租房子，根本不需要那样豪华，主要住着舒服就行了。陆小曼真派头不小，出入有私人汽车。那时，我们出门经常坐黄包车，有时步行。她家里用人众多，有司机，有厨师，有男仆，还有几个贴身丫头。她们年轻俊俏，衣着入时，不知道的人还以为是主人家的小姐呢。家里的用人都是有一些体面的，不像一般人家的仆人，打点用人应该也是一笔不小的开销。陆小曼挥霍无度，想买什么就买什么，不顾家中需要不需要，不问价格贵不贵，有一次竟买了五双上等的女式皮鞋。家庭经济由她母亲掌握，她向我们叹苦经，说：每月至少得花银洋五百元，有时要高达六百元，这个家难当，我实在当不了。我听了，更为之咋舌。那时五百多元，可以买六两黄金，以现在的人民币来说，要花两万元左右。

小曼以前就是一个不会省钱的人，现在更加挥霍无度。徐志摩只得在光华大学、东吴大学、上海法学院、南京中央大学，甚至北平北京大学，到处兼课，拼命挣钱，只为博小曼一笑。即使这样，还是经常欠债，徐志摩急得像热锅上的蚂蚁，团团转，而小曼则若无其事，坦然处之。这是名媛的本性，她们就是这样的让人无可奈何，就是一件奢侈品，拥有的人一定要付出很大的代价。

小曼在上海的生活，是把婚前她在北京的生活原样搬到了上海，过去有的现在必须有：豪华的房子、私家车、众多用人。至于钱的问题，那是男人的问题，男人没本事赚钱就不应该娶她这样身价高昂的名媛做老婆，既然娶了，就应该老实赚钱，不能诉苦。徐志摩当初娶她，自然应该考虑到这一层，难道要喜欢了奢侈生活的她像王映霞一样步行不成？她以前没受过这样的苦。

小曼的内心已经膨胀到了极致，得不到的东西永远是最好。这是人的特性，在小曼的身上这种特点非常明显。曾经与王赓在一起，虽然无趣，不幸福，但是小曼从来没有为钱的问题做太多考虑。小曼在北京过的奢靡生活一点也不比现在的开支小。王赓从来没有因为她的挥霍斥责过她，所以在她心里这一切都是理所应当的。小曼只想到她自己，她没有想到生活已经发生了变化，鱼和熊掌岂能兼得？这样的事情小曼在爱上徐志摩的时候就想到了，但是她没有想到经济条件居然差了这么多。小曼曾经想，为了徐志摩她什么都可以做，就算生活清贫一点也没有关系，她可以忍受。只是她没有想到，要改变一个习惯竟然如此难。

小曼实在忍受不了平淡的生活，她的圈子就是这样。她身边的人都是一些阔太太、小姐，都是上流社会的人。她们的生活可想而知绝对不会是平常人家的生活，要是自己太寒酸真的很丢人，也会变得格格不入。小曼的用度在普通人家看来真的是一笔天文数字，但是在小曼的世界里，她已经从简了。她觉得自己已经牺牲了很多，虽然表面上与北京的生活没有大区别，但是小曼自己知道已经大不如从前了。随着时间的推移，小曼愈加管不住自己的虚荣心，慢慢回到那种大肆挥霍的生活状态。

徐志摩对小曼的忍让，有时候让人心痛。徐志摩已经做到了极致，小曼拥有女人的大部分缺点。陆小曼的干女儿何灵琰回忆说，这个家究竟算是徐家还是陆家，我一直也没有弄明白。因为陆家的老太爷老太太也都住在这儿，而用人称徐干爹为姑爷，称陆干娘为小姐，想来是陆家的了。那时干娘常常犯病，一病就晕过去，或是大叫大嚷，见鬼见神，现在想起来大约是神经衰弱。徐志摩在自己租的房子里的地位就像一个倒插门的女婿一样，赡养小曼的父母本来也是一件极正常的事情，但是这样的称谓还是让人寒心。徐志摩都可以忍受，毕竟他早已经决定将自己的全部献给这个女人。

看来徐公馆其实是陆公馆，因为所有用人都是陆小曼家以前的，陆小曼被称作小姐而不是太太和夫人，那她就是主人了。徐志摩在这个家的地位如何？徐志摩为陆小曼这个女人已经付出太多，有时甚至包括男人的尊严。徐志摩不在乎他在家中的地位，只希望小曼能够好好地生活，一直待在他的身边。徐志摩一直担心他不能给小曼想要的生活，虽然他并不赞成小曼的生活方式。但是他还是不希望小曼过不自在的生活，所以他只能努力赚钱，为小曼撑排场。其他的事情，徐志摩想一切都会慢慢地好起来。

小曼的房间里总是阴沉沉地垂着深色的窗帘，连楼上的客堂间和小吸烟间也是如此。她与其他吸鸦片的人一样，有时候很害怕阳光。白天基本上是不出门的，只有晚上才出去活动。她从来不爱惜自己的身体，痛了，难受了，就吸食鸦片。这样的恶性循环让小曼的身体更加不好，一日不如一日。小曼自己并不担心，鸦片就是有这样的功效能够让人忘记现实，忘记疼痛。

她是以夜为昼的人，不到下午五六点钟不起，不到天亮不睡。每天到上灯以后才觉得房子里有了生气。何灵琰说她住在陆家的时候，只盼天黑，因为天黑了小曼才起来，此时上下灯火通明，客人也开始来访，记得在座皆属一时俊彦，如胡适、江小鹣、邵洵美、沈从文、张歆海夫妇、陆定山伉俪及钱瘦铁等位老伯、伯母。小曼与徐志摩的朋友多数都是一时名流，他们生活圈子就是这样的。小曼是一个爱热闹的人，她的人缘一直都很好，在北京如此，在上海也是如此。刚来到上海的时候，朋友就已经很多，在上海住了一段时间之后，朋友就更多了。很多人都把小曼家当作聚会的最佳场所，家里经常有舞会。大家都知道小曼是一个不拘小节的人，乐意在她家玩闹。这正合小曼心意，小曼喜欢热闹。

小曼已经将徐志摩抛到了脑后，她现在最在意做的事情就是鸦片和聚会。他们俩已经同床异梦，徐志摩不喜欢这样的吵闹，他是一个诗人，他有自己追求的生活，绝不是这样的浮躁。徐志摩的心一直在挣扎，他不知道怎样将自己的这份爱进行下去。

外面竟然变成一方净土，寂静的夜，银色的月光洒满整个学校的小路。徐志摩害怕回家，他接受不了那种吵闹。有时候他甚至推脱学校有事就不回家住了。自从小曼开始这种生活，徐志摩很多时候都说不好，晚上家里会很吵闹。徐志摩喜欢静谧的生活，他喜欢做学问，只有安静的环境才能给他带来灵感。他现在发现自己的创作已经没有了感情，就像一个怨妇一样，感叹悲凉。

上海是一个不夜城，陆小曼是喜欢过夜生活的人，这里就成了小曼的天堂。王映霞回忆说，我多半在下午去，因为她是把白天当黑夜、黑夜当作白天的人。每天近午起床，在洗澡间里摸弄半天，才披着浴衣吃饭，所以她的一天是从下午开始的。或许是早晨的阳光过于绚烂不适合这种"夜猫子"，小曼很久没有感受过早晨的新鲜空气了。

在下午，她作画、写信、会客、记日记；晚上大半是跳舞、打牌、听戏，过了子夜，才拖着疲倦的身体，在汽车里一躺，回家了，她过的是不夜的生活。这就是大诗人徐志摩的妻子陆小曼的生活。只有这样的生活才能够给小曼带来快乐，带来安慰。小曼觉得女人就应该过得精彩，等到年老色衰了，自然没有好看的资本，但那时再回归家庭也不迟。小曼想趁着自己年轻好好地享受生活，她最不喜欢那些整天待在家中的女人。她觉得那些女人都是在为别人而活，一点意义都没有。最后再因为心中的忧郁得个不死不活的病，了却了一生。她觉得这样的生活很可悲。

小曼喜欢被人奉承、追捧，被人赞赏、追求，喜欢在上流社会被人看和看人，喜欢前呼后拥，喜欢热闹、兴奋、刺激的生活，喜欢明星一样的感觉。而且有一阵小曼确实有意成为明星，徐志摩在1926年2月26日的信中说，前天有人很热心地要介绍电影明星给徐志摩认识，他一点也没兴趣，一概婉辞谢绝。上海可不得了，这班所谓明星，简直是"火腿"的变相，哪里还是干净的职业。他告诉小曼，趁早打消上银幕的意思！徐志摩希望小曼往文学美术方面发展。

陆小曼不管在生活，还是想象中，都把自己当明星，这就失去了人生朴素的底子。虚荣心是小曼最大的缺点，小曼是一个浮躁的女人，她最大的问题就是太贪图享乐，还有太过喜欢那些不切实际的追捧。小曼与徐志摩婚后的奢侈生活让人不禁同情徐志摩的遭遇。徐志摩太不容易了，因为娶了小曼这样一个女人。

小曼依然故我，她从来没有觉得自己的生活方式有什么问题，身边的人也不敢说什么，因为徐志摩没有开口，他们作为局外人就不应该说。徐志摩只是害怕吵架，这个问题讨论的最后结果都是以争吵结束。小曼总是觉得徐志摩不够理解她，作为一个新时代的名媛这样的生活并没有任何问题。她不想做男人的傀儡，这个徐志摩是知道的。但是徐志摩希望小曼的任何规划都能从他们的实际生活出发，一味地追求自己，而不去考虑现实生活是不对的。小曼觉得徐志摩像王赓一样想干涉自己的人生，她告诉徐志摩自己不是那种逆来顺受的女人，她有自己的生活方式，她不会把一个男人当成自己生活的全部。徐志摩要是有这样的想法就是对她的伤害。徐志摩面对这种状况已经没有办法了，他只能听天由命，等待着妻子回头。

徐志摩为了满足心爱的妻子的物质需求，身兼数职。他在尽自己所能为妻子提供舒适、奢华的生活。徐志摩辛苦赚钱，小曼却是挥金如土。

陆小曼喜欢捧戏子，常常一掷千金。她认一对唱京戏的小姐妹为干女儿，又认一个上海坤伶小兰芳为干女儿，她喜欢这些唱戏的小姑娘。这样认亲的方式当然是要花一笔钱，干娘不是谁都能当的。总之，她的花费太大，自己又无法控制，结果只能是增加丈夫的负担。她喜欢看戏，在高级戏院常年包有座位，并很大方地请朋友看戏。看戏是她生活中最重要的事情，看戏就像吸鸦片一样上瘾，如果几天不看，她就会难受得要死。鸦片、舞会、看戏，她一样都不能少。

几经挣扎，终于修成正果。世事变迁，却将爱情遗留在曾经的某个空间。若人生只如初见，爱便成永恒。若只如此痛苦，我愿将那一刻永久的埋葬，我们的爱依然隽永长存。

千疮百孔，双栖各梦

朝辞白帝彩云间，千里江陵一日还。时间推动着风景变换，人心更是朝夕之间各不相同。痛苦和欢乐比疾风骤雨的速度更快，爱情会在一瞬间发生，或许就在一眨眼的时间里，爱情就逃跑得无影无踪。爱情里的彼此只是自己心中梦想的那个人。

小曼不仅常常光顾戏院，还喜欢去赌场玩，大约也是翁瑞午带上她见世面的缘故。小曼真的很会玩，还带朋友去著名的一百八十一号赌场，那是一所私人大花园洋房，楼上楼下布置华丽，灯火通明，客人们全是当时社交场合中有名气的人物。小曼也喜欢吃大餐，当然老带着一帮朋友，去新利查、大西洋、一品香等餐厅。

　　一个女人这样挥霍，家中有多少钱也是不够的。这些场合当然也是翁瑞午献殷勤的场合，但她喜欢吃喝玩乐，她喜欢这样轻松愉快的人生。徐志摩为了给小曼创造幸福的生活，整天在外面忙碌。小曼就和翁瑞午一起享受轻松的生活，他们一起看戏、吃饭、抽大烟。小曼喜欢一个男人如此陪伴着自己，让自己不再那么孤独。小曼就是这样的女人，一个男人不仅需要腰缠万贯，还必须有足够的时间陪她吃喝玩乐，只有这样的男人才是小曼心中最理想的丈夫。小曼永远无法体会徐志摩心中的伤痛。

　　爱一个人到底是怎样的光景？百依百顺就是爱情吗？每个人都有自己的底线，自己的脾气，再卑微的爱情也是有尊严的。徐志摩的心又是如何的破碎。自己的妻子每天接触各色人等，还有一个亲密的男性朋友，每天出入厅堂。男人最忌讳的事情，在小曼的生活里每天都在上演。

　　小曼觉得自己问心无愧，她与翁瑞午只是普通的朋友。她觉得自己的行为没有任何不妥之处。小曼是一个处处要求权利的女人，她认为自己有交朋友的权利，结婚只是一种形式的稳定，并不是人格的禁锢。小曼一向都是这样的作风，不然，她与徐志摩也不会在一起。她与徐志摩也是婚外情的产物，可见她就是一个不拘于礼数的女人，这是她的天性，不容易改变。

小曼喜欢漂亮的衣物，她的衣服、鞋袜、手帕、装饰多得不计其数。而且许多是外国货、名牌。小曼喜欢昂贵的东西，这一点大家都知道。刚与徐志摩结婚的时候，她就是这样的要求，这才逼走了徐志摩的父母。这样一个儿媳妇没有人会喜欢，就连徐志摩老家硖石的人也都议论徐志摩娶了一个不知天高地厚的女人。

徐申如曾经就因为她什么都要外国的、高档的而看不惯她，对她存了芥蒂。徐申如本来就不喜欢小曼，那样一个背叛丈夫的女人一定不会是个好妻子。徐家二老的目光如炬，他们把小曼看得十分真切，她真的不是一个好妻子。徐家也算是不错的人家，徐志摩也拼命挣钱还是不够小曼挥霍。小曼确是如此，她已经养成了习惯，不是好东西不用。她的丝织小帕必须用外国的一个牌子，不管多么费劲也要朋友从国外捎带。有一次刘海粟出国，徐志摩写信给他：小曼仍要 DonMarche（唐·马尔凯）的绸丝帕，上次即与梁君同去买，可否请兄再为垫付百万，另买些小帕子寄来。小曼当感念不置也。这样的女人有时候很让徐志摩的朋友反感，他们都很心疼徐志摩，也为徐志摩娶了这样一个女人而惋惜。

王映霞回忆说，她买衣物从来不问贵不贵，需要不需要，喜欢就买。这些日常的消费徐志摩也不太管，可是有一次，她说她要义演，需要做一幅堂幔，做一副行头，还要做许多佩饰。这些东西她本可以借用，但因为别人都是自己的，也是虚荣吧，她非要亲自置一套不可。她对徐志摩说，人家都是自己的，我偏偏要去借。我怎么就这么不如人，摩，还是给我定做一套吧。这样穿上也好看体面，而且以后还能再用。徐志摩根本就拿她没有办法，就给她定做了一套，又是一笔花费。

小曼的戏票朋友，如江小鹣、翁瑞午、唐瑛都有属于自己的行头，她也要，否则没面子。可是这些人都是些家财万贯的公子小姐，徐志摩是靠工薪养家的人，怎能与这些人相比。置这些行头可需要很大一笔钱，而徐志摩这个月的薪水已领取，再没有财源，从哪里给她找这笔钱去。小曼开始打恩厚之给他们寄来作为旅费的英镑的主意，她说可以先挪用一下这笔钱，过后有钱了再补上，反正现在也不出国。小曼就是这样不顾大局，她只会想到自己的需要，哪会管以后的事情，但是徐志摩是一家之主，只要是需要花钱，徐志摩都要想办法。

徐志摩说这笔钱是供他们出国学习用的，如果条件允许的话，他还准备带妻子去欧洲，实现他们婚前的愿望，也给朋友一个交代，所以绝不能动用这笔钱。陆小曼软磨硬磨非要制作行头不可，徐志摩只好破例，挪用这笔钱，小曼的虚荣心满足了，但徐志摩心里却十分难受。

陆小曼挥霍无度的行为，已让徐志摩感到头疼。这个女人的性格此生都难以改变了，徐志摩想改变小曼的理想已经落空。徐志摩看见了未来的形式，小曼是一个虚荣心极强的女人，只有奢侈的生活才能让她感到满意，徐志摩所希望的田园式生活在与小曼的世界里是一个不可能实现的理想。徐志摩的心开始变化，他对小曼的感情已经开始慢慢变淡，有时候甚至想小曼根本就不是一个值得珍爱的女于。

徐志摩一直在维持这段婚姻，因为毕竟他们经历了很多挫折才走到一起。从结婚那天起，徐志摩就决定要与小曼一生一世。婚姻不是儿戏，既然他们能够在众人反对的情况下结婚，自然要过得好，才对得起当初的选择。就算小曼是一个不值得期待的女人，婚姻总是神圣的殿堂，不能轻易地推翻，徐志摩只有忍耐。

　　朋友们的妻子中，没有一个像她这样挥霍的，小曼真的是女人中的"异类"。只结婚，不生子。每天过着吃喝玩乐的生活，油瓶子倒了也不会扶一下。同样是大家闺秀，没有人比小曼更加娇气，经常生病。什么都要用名牌，不好的东西不往眼里放。看看别人的妻子，徐志摩只能默默地寒心。

　　胡适的妻子温柔贤惠，从不会招摇过市，只在家中相夫教子；张歆海的妻子持家、教子、教书，儒雅的气质让人赞叹；梁思成的妻子林徽因更是一面持家、教子，一面与丈夫一起做事业，勘察、发现、丈量、保护古建筑、写作建筑学史。林徽因是一个奇女子，她将女人所有的优点集于一身，但是她从不张扬，所以她才受到那么多人的爱戴。林徽因也是家世显赫的名门闺秀，却是那样大方知理。同样是新时代的女性，都是追求新生活，却是那样的不同。林徽因走上了光明的大道，陆小曼只学会了吃喝玩乐。

　　徐志摩一直认为小曼与林徽因是一种类型的人，怎知她们之间有天壤之别。现在徐志摩的心中小曼与林徽因差距何止千万倍。想起曾经与林徽因擦肩而过，现在依旧感伤不已。林徽因越发美丽了，她是一个真正的女神，没有人能够超越她。现在自己的妻子每天吃喝玩乐，挥霍无度，看戏、跳舞、抽鸦片，简直没有过日子的样子，他真是看不透陆小曼到底是怎样一个人了。他只知道，小曼绝对不是他曾经心中想象的那样美好的女子。这样的女子只有一个，那就是林徽因。他此生已经没有机会，只求来生，能够遇上这样美好的女子。

小曼一直为自己的衣物铺张浪费，她很有兴趣做这些事情。自己的衣服一定要细细地过目，布料还要精心挑选。做衣服的师傅更是有讲究，一定要是上海滩鼎鼎大名的才可以，不然小曼会不放心。衣服只要稍不和她心意，不管是花多少钱买的，她都一律不会再穿。可她对徐志摩的衣物却很少过问，这些事都由她母亲料理。可怜的徐志摩虽然一月赚不少钱，可只有一两身衣服，而且都破旧不堪。有一天胡适的妻子看到徐志摩的袖子上有两个洞，领子也磨破了，要他脱下来给他缝补。当他外出或有些场合需要衣服时，张幼仪的服装店可以给他制作一两身。小曼太贪玩，常常会忘了丈夫的需求，长此以往，徐志摩有些灰心、伤感，并从内心发出不满。这不是他要的生活，虽然他仍然爱着她。

她还喜欢出游，有一次他们去杭州的西湖博览会游玩，徐志摩大约有事不能去，但这些场合总有翁瑞午，翁瑞午似乎寸步不离陆小曼，他总能满足她的要求，因此小曼对这位朋友很是满意和欢喜。小曼的身边从来都不缺这样的朋友，以前与王赓在一起，徐志摩就是她如影随形的保镖。现在她与徐志摩结婚，又出现了一个翁瑞午。小曼对丈夫的话总是不理解，觉得他限制她的自由，她很孤独。但是她真的寂寞吗？就算徐志摩真的每天都陪伴着她，不出去赚钱，小曼依然不会满意。她还是需要翁瑞午这样的人陪伴，这样才能快乐。

或许是因为每天对着同一个人，对小曼来说本身就是一种寂寞。

何灵琰回忆说："对于徐干爹，我认识的就不太清楚了，因为他在家的时候很少（大约那时他正在北大任教不常回家）。只记得他是一位白面书生，戴副黑边眼镜，下巴长长有一点凸出，人很和气，不太高谈阔论，很安静。当他在家时好像也不太适应家中那种日夜颠倒的生活，有时他起早了，想早一点吃饭，叫用人，用人总说：小姐没有起来，等她起来一块儿吃吧。他性情很好，很少发脾气，平时干娘吸烟，天亮才睡，他又不吸烟，只有窝在干娘背后打盹儿。这个家好像是干娘的家，而他只是一位不太重要的客人。"

徐志摩就是这样卑微地生活在小曼身边，小曼一直以为徐志摩是真的赞同她的生活，就算不高兴，也不至于反感。小曼没有意识到徐志摩的心早已经伤透了。小曼的世界只有她自己，只有享受的欢乐，已经没有徐志摩。若是一个细心、关心丈夫的女人绝对不会看不出丈夫的心酸和辛苦。

翁瑞午天天报到，有些喧宾夺主的味道，又好像是这家的男主人。就连何灵琰认干爹时，也将翁瑞午一同认作干爹。何灵琰说，干娘和翁干爹带我们去逛西湖，我初次领略到湖山秀丽，高兴万分。小曼与翁瑞午自是亲密无间，两个人说说笑笑，还会逗逗他们的干女儿。这是一家三口的景象，不了解的路人一定会为这样其乐融融的景象感动。

小曼的心中并没有忘记徐志摩，她还是深爱着徐志摩。小曼的灵魂也在挣扎，她不知道自己怎么了，就是控制不了自己。她想改变自己，想成为徐志摩的小眉。但是当诱惑来临之时，她总是抑制不了自己的情绪。她已经过了太久那样浮华的生活，就像抽鸦片一样，任何可以享受的事情都是这样让人难以自拔。

翁瑞午是小曼的朋友，小曼从来都逾越朋友的界限。男女有别，有些事情还是需要避讳，尤其是那样的年代。小曼就是那样的异类，她从来不会顾及这些。敢爱敢恨是小曼的特质，她要是爱一个人就会义无反顾，绝对不会躲躲闪闪。她对翁瑞午只有友情，没有爱情。只是别人都不这么想，因为她已经是一个背负骂名的女人。背叛丈夫的名声，她一辈子都摆脱不了。

像小曼这样玩，这样让男性朋友登堂入室的名媛似乎也不多，这也是陆小曼的作风，比起一般名媛似乎更张扬，或许是因为光明磊落而坦荡。她的热情不能得到丈夫以及世人的认可，她也许没有感觉到徐志摩对她的爱已经慢慢褪去颜色，变得暗淡。爱情有时候是那么脆弱，经不起一丝伤害。

那个秋天，小曼的心等待着徐志摩的情。

第六章

心泪生花，人生聚散两依依

世俗难容，美人心伤

红颜知己，人生难求。士为知己者死，女为悦己者容。人生有一人心灵相契，只谈风情，不做逾越之事的知音，也是一件美事。若是知己，必然珍惜。世俗就是一个装满规范的框子，所有旁逸斜出的枝叶都要被歧视，被修剪。再肮脏的灵魂也有纯净的土壤，何况是一个坦荡荡的女人。

翁瑞午也算多情，他对小曼真是用心良苦，无微不至。徐志摩去世后，他更是照应小曼，供养她。后来小曼烟瘾越来越大，人更是憔悴枯槁。翁瑞午是有妻有子的人，小曼的生活也给了他沉重的负担，而他却能牺牲一切，至死不渝。若是没有翁瑞午，在徐志摩走后，小曼一个人根本无法活下去。

小曼与翁瑞午之间的情感又是一段故事，他是小曼的票友，烟榻上的伴侣，就连小曼的烟瘾也与翁瑞午有关。翁瑞午，江苏常州人，清代光绪皇帝的老师翁同龢之孙。其父翁印若历任桂林知府，以画鸣世，家中书画古董累筐盈橱。他会唱京戏，能画画，懂得鉴赏古玩，又做房地产生意，是一个文化掮客，被胡适称为"自负风雅的俗子"。他家在杭州拥有一座茶山，在上海拥有房产，他自己还拥有父亲留下来的数不清的字画古玩，可谓家财万贯。

翁瑞午也算是一个出身名门的人，因为祖父的荣耀，自出生便有光环在头上熠熠生辉。他有资本成为上海的一个浪荡公子，没有生计的无奈，没有任何负担。他也是风流一时，阔太小姐、豪门公子、名角儿，没有他不熟的。小曼来到上海后，翁瑞午带着她认识了很多志同道合的人，让小曼这社交名媛在上海开始崭露头角。

翁瑞午是有名的阔少，他不需要固定的工作，可以凭着自己的兴趣选择工作和休闲。他喜欢戏曲、绘画，还有许多娱乐爱好，上海的娱乐场所是他经常光顾的地方。赌场、戏院、酒店、夜总会进进出出。因为闲来无事，他喜欢去戏院看戏，捧戏子，时间长了也会唱戏，是铁杆票友，同时也喜欢去舞场跳舞，喜欢交朋友，出手大方，颇有人缘。他人聪明、自然、风趣，很招人喜欢。他还抽鸦片，追女人，是上海十里洋场的花花公子，风流倜傥、蕴藉潇洒。如果说北京交际场合多的是绅士官僚的话，上海交际场合多的就是这一类洋场阔少，靠吃祖上产业过他们有品位又自由自在的生活。

他懂得女性，既会逢迎、拍马屁、讨好，也知冷知热，体贴周到。他家中有妻有子，还断不了与戏子厮混，曾与一女学生生下一个私生女，他死后由陆小曼抚养。对于女人，他并不看重，就像衣服，旧了就扔。但对陆小曼却情有独钟，多方讨好，不惜血本。对小曼，他是情真意切，深情厚谊，颇为看重，引为知己，一生不离不弃。

翁瑞午与小曼的嗜好相同，他们都抽大烟，都是日夜颠倒，又都会唱京戏，拍昆曲。翁瑞午更是精明仔细，善体人意，在小曼身上处处留心体贴。他在陆家的时候比徐志摩在家的时候都要多，差不多天天报到，他对小曼的干女儿也是极好。他们俩经常带着何灵琰到处游玩，翁瑞午还给何灵琰买孩子喜欢吃的东西和玩具。何灵琰喜欢翁瑞午超过徐志摩。

翁瑞午长得清秀，体瘦长脸，白白的，总是穿长袍，黑缎鞋，北方话还说得不错，人很活络也很风趣。翁瑞午是一个风趣、懂得讨好女人的男人，他能说会道，轻松幽默。他对小曼是极好，绝非始乱终弃，更没有轻浮之意。事实上，就是真正的浪子，对于他真喜欢的女人，也会恩宠有加。

这样一个洋场浪子成为小曼的闺中密友，小曼就是有这样的魅力。世上很多事情仿佛早已经注定，小曼因为遇到翁瑞午，晚年间的生活才没有那么绝望。自徐志摩走后，小曼受了很大的打击，如果没有翁瑞午，她或许根本撑不下去。

翁瑞午也给小曼带来深刻的困扰，他带领小曼进入鸦片的世界。鸦片必然需要很大的花费，更可怕的是鸦片并不是好东西，会让人的身体更加枯槁、更加虚弱。人生就是这样的祸福相依，没有人能够判断这一切究竟是对还是错，是福还是祸。

翁瑞午本来就是抽鸦片的，小曼身体常年不舒服，他就劝她抽几口，以减轻病痛。果然见效，于是一发而不可收，小曼依赖上鸦片。这就是近墨者黑，翁瑞午对小曼即使有千般恩，可在抽鸦片这一件事上却是耽误了小曼一生，害了小曼与徐志摩的家庭生活，也给自己增加了不少的经济负担。此后他俩天天在一起抽鸦片，风雨无阻。翁天天来小曼家报到，最后干脆住在小曼家。

小曼与翁瑞午的关系自然是会受到世俗的讨伐，他们之间太过亲密，已经超越了普通朋友的程度。他们每天都在一起，小曼与翁在一起的时间比与徐志摩在一起的时间都多。自从来到上海，徐志摩与小曼之间的关系也不如以前那么亲切了，小曼与翁之间的感情却好像一直在升温，这让身边的很多人不满。

徐志摩的母亲对徐志摩的前妻说："我再也受不了啦，我一定要告诉你陆小曼的事情，我再也没办法忍受和这个女人住在同一间屋子里了。家里来了个姓翁的男人，陆小曼是通过她在戏院的朋友认识的，他现在是她的男朋友喔，而且已经住在这儿了。冰箱里本来有块火腿，我叫用人热了给老爷和我当晚饭的菜。第二天陆小曼打开冰箱一看，想知道她的火腿哪儿去了，我告诉她是老爷和我吃了，她就转过头来尖声怪叫，数落我说：'你怎么做这种事？那块火腿是特意留给翁先生的。'"老太太继续说："我真搞不懂这件事，志摩好像不在意翁先生在这里。他从北平教了那么多个钟头书回来是这样累，喉咙都痛死了。我就告诉用人替他准备一些参药，可是用人回来说我们不能碰屋子里的人参，因为那人参是留给翁先生吃的！这到底是谁的家？"老太太喊道，"是公婆的，是媳妇的，还是那个男朋友翁先生的？"徐志摩一点都不在乎这件事，他说："只要陆小曼和翁先生是一起躺在烟榻上吸他们的鸦片，就不会出什么坏事。"

徐家二老已经非常恼怒小曼，觉得小曼是一个浪荡的女人。他们还希望小曼嫁给徐志摩之后会有所收敛，结果他们发现，小曼劣性难改。她从骨子里就是一个放荡的女人。现在居然公然把男人养在了家里。徐志摩的母亲总是在他面前抱怨，说没有见过这样不自重的女人。对于以前的传统女性，小曼的这种做法真的让人难以理解。

徐志摩一直理解小曼，他知道他们只是互相为伴，所以每次母亲斥责小曼的时候，他总是向着小曼说话。一是怕老人家动气，二是想尽量保全小曼在他父母心中的印象。有一天晚上，徐志摩回家以后，爬上烟榻另一头和陆小曼躺在一起，陆小曼跟翁先生一定整个晚上都在抽鸦片烟，早上他们三人全都躺在烟榻上。翁先生和陆小曼躺得横七竖八，徐志摩卧在陆小曼另一边，地方小得差点摔到榻下面。

这样的生活徐志摩的母亲已经看不下去了，家中要有一个抽鸦片的人，生活一定会变得糟烂不堪，再加上一个女人还领回家一个男性烟友，谁都无法忍受。徐志摩的母亲说："这个家毁了！"是啊，已经没有一个家的样子。家应该是温馨的港湾，我们可以缱绻休憩。家不需要富丽堂皇，不需要万贯家财，家是一首温馨的小夜曲。不论多晚，都有一盏灯，一个人在默默地等待着你，这就是家。慈祥的父母，忠诚的伴侣，可爱的孩子，这就是一个美好的家。徐志摩的家已经变成聚会的舞厅、大烟馆、戏院，却没有温暖的气息。

徐志摩拖着疲倦的身体走进房子，一股浓浓的烟味扑鼻而来，他知道自己的妻子又在吸鸦片，他走进烟室，看见小曼与翁瑞午一起围着桌子倒在烟榻上。小曼淡淡地说了一句："你回来了。"徐志摩说："嗯。"然后就躺在小曼身后睡着了。徐志摩很快就入睡了，因为太累了，还要在路上颠簸。徐志摩在梦中，与小曼在硖石，青山绿水环绕着他们。徐志摩觉得神清气爽，小曼笑得很灿烂，就如他们初见。

沉沉地睡了一觉，徐志摩醒来之后，发现自己与小曼、翁三人躺在烟榻上，房间里充斥着浑浊的空气，有点想吐。他迅速离开那间房子，走到院子里，吸了几口凉气，慢慢地开始恢复平静。他开始厌恶这样的生活，已经完全没有生活的情趣，只剩下挣扎。

小曼一旦抽上鸦片就立即忘记了身边所有的人，自己也没有了灵魂，只有在烟雾中迷离，游荡。鸦片就是会让人变得面目全非，人事不通。小曼知道自己的丈夫回来了，但是抑制不住自己想抽大烟的情绪，她看见翁瑞午一直点着烟。不知不觉天已经大亮了，等她醒来，她发现徐志摩已经不在她身边了。

小曼奢靡的生活已经引起了那些小报记者的关注，一篇恶毒的文章刊登在《福尔摩斯小报》上，污言秽语对陆小曼大肆攻击，也玷污了徐志摩的名节。文中有这样几句：诗哲余心麻，和交际明星伍大姐的结合，人家都说他们一对新人物，两件旧家生。因此大姐不得不舍诸他求，始初预见一位叫作大鹏的，小试之下，也未能十分当意，芳心中未免忧郁万分，镇日价多愁多病的，睡在寓里纳闷，心麻劝她，她只不理会。后来有人介绍一位按摩家，叫作洪祥甲的，替她按摩……

这篇文章用词卑鄙下流，别说攻讦志摩这样的文人书生，不管攻击谁都是恶毒之极。不用猜，谁都知道余心麻是徐志摩、伍大姐是陆小曼、汪大棚是江小鹣、洪祥甲是翁瑞午，而这里主要攻击的是陆小曼。这样的下流文章徐志摩看了很气愤，也很苦恼，谁遇到这种事都会烦恼，更何况是理想化的诗人。

这篇文章当时引起了很大的骚动，有为徐志摩抱憾的，有拍手叫好的，形形色色的人都在这件事情上发表自己的感想。徐志摩就这样被硬生生地扣上了一个"绿帽子"，成了众人皆知的笑柄。因文章太下流，租界巡捕房已经以攸关风化为名予以检举，由临时法院处罚示警。但徐志摩、陆小曼、江小鹣、翁瑞午觉得这处罚太轻，便又向法庭提起刑事诉讼，但随后却因已处理过而不了了之。这件事后，志摩的心情一直不好，感叹颇多，既气愤社会上无聊的人们，上海的乌烟瘴气，又不满小曼一年来的生活方式，也气自己竟然没有做一首诗，而且连诗意的影子都没有。自从与小曼结婚以后，徐志摩的创作灵感就陷入了枯竭，他每天都要为生计奔忙，还得不到妻子的爱戴，一点浪漫的情怀都没有了。

徐志摩的情绪已经跌到了谷底，他开始躲着小曼。他想冷静地思考他们之间的感情和婚姻。他知道自己的心里还是爱着小曼，但是作为男人的尊严已经因为小曼被世人践踏，他受不了这样的伤害和打击。他想逃离上海这座纸醉金迷的城市。

这次丑闻事件，小曼受到了很大的伤害。这篇文章成为世人讨伐她的把柄，也让她坐实了"荡妇"的罪名，从此名誉扫地，成为大上海人们茶余饭后的笑料。

伊人憔悴，红颜病绕

态生两靥之愁，娇袭一身之病。小曼多病多痛，灵丹妙药都无法根治。她娇生惯养，依然不能拥有健康的体魄；锦衣玉食，换不来一日康健。带着一身病痛在世间停留的又何止黛玉，病来如山倒，病去如抽丝。一生以药为伴，药炉为友，也是小曼的命运。心脏病、胃病，成年之后还加上了神经衰弱，这与她的生活习惯有很大的关系。黑白颠倒的人，最容易精神萎靡。小曼从来就不爱惜自己的身体，她是一个享乐主义者，只要是令她快乐的事情都不会在乎对自己身体的影响。王赓劝过她，徐志摩说过她，但是她根本没有当回事。小曼经常说，平平庸庸地活着，不如轰轰烈烈地去死。

小曼染上大烟还是因为自己这多病多痛的身体，她每一天都生活在病痛的折磨之中。与徐志摩结婚以后，在硖石受了气，在上海受了罪，她的身体更加虚弱了。她遇上了翁瑞午，他是一个有烟瘾的人。看见小曼被病痛折磨没有特效的药物，就向小曼推荐了鸦片，没想到小曼最后竟然陷进去一发不可收拾。小曼的才华和聪明全让鸦片害了，本来二十八岁正是一个女人成熟的年龄，可以做一些有意义的事业，可小曼却在鸦片烟的升腾中虚度终日，谁看了都可惜。过去爱惜她的胡适等老大哥这时只能对她摇头。正因如此，在历史的记载和人们的传说中，陆小曼是名媛中的反面典型，当然这样的女人还很多，只不过她的名气最大罢了。

小报的事情发生之后，徐志摩一直处于低落的状态。他对任何事都没有兴趣，也不愿意出门，一直待在家中。胡适等朋友怕徐志摩在上海被毁掉，执意要他到北京做事。徐志摩早已烦透了上海的生活，正想换个环境生活。在这里，他总是能够感受到别人鄙夷的眼光，还要忍受小曼与翁瑞午每日的烟雾缭绕。他可以去北京静静地过一段时间，也调整一下自己的生活状态还有心情。他想等一段时间，稳定下来之后，将小曼也接到北京，让她远离上海的生活。

徐志摩到北京执教，长时间不在家。这时，陆小曼大多时候由翁瑞午陪伴，徐志摩的家几乎就成了陆小曼和翁瑞午的家。现存最后一封致小曼的信一开头就说：今天是九月十九，你二十八年前出世的日子。我不在家中……今天洵美等来否？也许他们不知道，还是每天似的，只有瑞午一人陪着你吞吐烟霞。从这封信可以看出，徐志摩是多么在乎小曼，就算是在遥远的北京，也牢记小曼的生日。

女人对于纪念日是看重的，尤其小曼是受过西式教育的女子，自然更加在意自己的生日。此时的小曼已经没有往日的风采，已经沦落到大烟鬼的行列，就算是自己的生日也离不开大烟。小曼并没有庆祝自己的生日，她觉得这是一件没有意义的事情。生日当天，她还是与翁瑞午一起抽大烟。最后，小曼命用人准备了一个蛋糕，还有几个可口的小菜，与翁一起过了一个简单的生日。

小曼每天都要吸食鸦片，她的身体更加不好，更加虚弱了。人已经开始日渐消瘦，精神也一天不如一天。徐志摩到北京后，希望把家安在北京，多次写信请求小曼与他一起北上，但她坚决不肯。她不愿意北上的原因是她已经习惯了上海的生活，离不开她的朋友们。

曾经小曼不愿意从北京到上海生活，那时候是因为王赓不是她所爱，她不愿意妥协。现在徐志摩又让她从上海到北京生活，她还是不愿意，上海的生活才是她追求的归宿。时间不仅能够改变一个人的容颜，还能改变一个人的习惯。上海，这座繁华的都市，让小曼留恋，与她志同道合的一帮朋友都在上海。曾经在北京的生活，她已经遗忘了。

最重要的原因是，她离不开鸦片和翁瑞午。小曼已经离不开翁瑞午这个人，他就是小曼生活里的一缕阳光，在她不见天日的房子里，翁是陪她走过黑暗的人。翁瑞午是一个合格的知己，他对小曼的用心令人感动。小曼也是看在眼里，记在心里。

徐志摩多次催促，她都以各种借口推辞，一年之久还是没有一个定论。小曼不愿意离开上海，实在是习惯了上海的生活，这里的生活正是她要的生活，这并没有错。可一个家庭，最终还是需要协商，有一方牺牲，小曼显然不愿意牺牲自己，也不愿意轻易投降，因此家庭矛盾开始上升。去不去北京成为他们夫妻矛盾的焦点。

小曼不愿意跟随徐志摩北上，令徐志摩无比痛心。他没有想到小曼竟然如此倔强，难道小曼就不想与自己在一起幸福的生活？小曼有没有在遥远的上海思念着自己？这都是徐志摩在北京任教之后，每天都会想的问题。看来答案已经很明显了，小曼根本就没有这样的想法。她最喜欢的是奢靡、鸦片。她就是这样的女人，从来都不会为别人考虑。

徐志摩很生气，陆小曼大事、小事都不听他的，这么多年他就这样迁就过来了。小曼要名牌，所有的东西都要好的，徐志摩就努力赚钱为她提供经济支援。不管他在外面多么辛苦，他都没有抱怨，他只希望小曼能够过得开心，不会为了和他结婚而后悔。徐志摩什么事情都要顺着小曼，因为小曼的身体很不好，不能生气。徐志摩作为一个男人，他觉得照顾自己的妻子是他的本分，所以他对小曼疼爱有加，尽自己所能让她幸福。

来不来北京，可不是能迁就的事，她不来就意味着她根本不把徐志摩放在眼里，不在意与他的婚姻，这表明小曼的生活中就算没有他徐志摩，她也完全可以生活得很好，这已经触及婚姻的实质：要还是不要这个婚姻？这是自结婚以来徐志摩第一次考虑这个问题，他对小曼真的已经失望透顶。

小曼并没有意识到徐志摩的变化，她已经不去想这些问题了，疾病与鸦片的双重折磨已经让小曼的身体濒临崩溃的边缘。她的精神很少有好的时候，每天都昏昏沉沉。徐志摩非常气愤地给小曼写信，但是，令徐志摩不理解的是，因为那篇下流的报道，小曼应该受到教训，远离那些招惹是非的人，离开那个地方，岂不是更好。小曼却无动于衷，她还是每日与翁瑞午斯混在一起，完全不避讳。徐志摩觉得小曼现在已经不注重廉耻了，她就贪图享受。

徐志摩虽然对陆小曼抽鸦片一事无可奈何，但他始终痛恨鸦片，为此痛苦不堪。鸦片是害人的东西，林则徐禁烟的时候，中国人就认识到鸦片的危害。但是这种暴利的毒品自从鸦片战争开始就没有在中国这片热土上消失过。尤其是上流社会的人，更加愿意尝试那个害人的玩意。小曼就是因为来到上海，才卷进了这样的旋涡里，身体也被鸦片搞垮了，生孩子现在已经成为一件不可能的事情。以小曼的身体状况，医生说，小曼要是一直这样生活，还是不生孩子的好，生出来的孩子也未必好。

徐志摩在给小曼的信中说：我对你的爱，只有你自己知道，前三年你初沾上恶习的时候，我心里不知有几百个早晚，像有蟹在横爬，不提多么难受。但因你身体太不好，竟连话都不能说。我又是好面子，要做西式绅士的，所以至多只是短时间绷着一个脸，一切都郁在心里。徐志摩为了小曼真的很苦，当初在一起的时候是何等的快乐，现在却落到这般田地。每天痛苦的度日，还要为小曼的身体担忧。他已经筋疲力尽，他只希望小曼能够体会他的良苦用心。

可小曼并不能体会徐志摩的这份爱与苦，她更多的时候想到的还是自己，并不觉得自己抽鸦片有什么错。鸦片消磨了她的意志，鸦片像魔鬼一样侵吞了她的心智。除了放弃自我，她已经没有了事业心，甚至失去了明辨好坏的理智，沉醉在鸦片烟的享受中，就像与魔鬼打交道，已经没有了正常人的心态。

陆小曼对翁瑞午的评价也是中肯的，陆小曼对晚年的忘年交好友王亦令说：志摩去世后翁医治更频，他又作为好友劝慰，在她家久住不归，年长月久，遂委身焉……但陆小曼自动向他约法三章，不许翁抛弃发妻，她也不愿和翁瑞午名正言顺结婚，宁愿永远保持这种不明不白的关系，因为一则她始终不能忘掉徐志摩，二则翁之发妻是老式女子，离异后必无出路。在这一点上其实也可见陆小曼的忠厚之处。小曼是一个善良的女子，只是她的生活铸就了她娇生惯养的性格，她展现给别人自私的一面。但是她绝对不是一个恶毒的人，骨子里既纯情又善良。

陆小曼口口声声说，跟翁瑞午并无爱情，只有感情。这话也许是真的。然而即使对待感情，她也是认真而坚强的，绝不三心二意。当时许多朋友不赞成她与翁瑞午的这种关系，任凭怎样劝说，她都不为所动。当然她对翁瑞午更多的还是依赖。

翁瑞午对小曼始终如一，这不是爱又能是什么呢？没有婚约，能这样厮守的，世间又有几多？他们确实是一对知己，彼此互相了解，相互欣赏。在世人的眼中他们的爱好是那样卑微，他们过的就是不正常的生活。在他们的世界里，他们是多么快乐，这样就足够了。小曼已经受尽了婚姻的苦，爱情的伤。对于婚姻与爱情，她已经没有任何希望，她只想这样安静地生活下去。不要对任何人造成伤害，对于王赓，小曼的心中也充满了愧疚。虽然她与王赓并没有爱情，但是不管怎么说小曼还是背叛了王赓。他们的离婚协议是王赓在牢狱之中签的字。小曼一直觉得自己就是一个罪人，可能就是因为对王赓做得太绝了，所以她与徐志摩也没有幸福下去。最后，她还染上一身烟瘾和疾病。身体就像是被抽干了一样，一日不如一日。

　　他们确实很相投，是真正的一类人。为了供养小曼，他将自己的所有收藏变卖不遗。60年代，物资奇缺，为了一包烟、一块肉，翁瑞午不惜冒着酷暑、顶着严寒排长队去设法弄到。他有一香港亲戚，时有副食品惠寄，翁瑞午也只取十分之一，余者都送给小曼。陆小曼发病，他端汤奉药，不离左右，直至1961年故世。1961年，翁瑞午临死前两天，约赵清阁和赵家璧见面，翁瑞午拜托他们多多关照小曼，说他在九泉之下也会感激不尽的。这片心意再说明问题不过，他爱她，对她有责任感，他能这样待小曼，这样情深意浓，能不让人感动吗？他不是一个轻薄负义的男人。

　　他们这种寄生而另类的关系不被人理解，不仅仅是朋友，他们互为需要，相依为命。所有感情并不只有爱一种，而爱也并非只有一种。

对于小曼他是情深意长。

多情诗人，为稻粱谋

衣带渐宽终不悔，为伊消得人憔悴。爱情披着华丽的外衣，姗姗走来，婀娜多姿。洗尽铅华，留下的只有落寞。你是我的此生，我却不是你的唯一。星星点点，郁郁葱葱，洁白的月光洒进了门前的池塘，一个男子在池边久久徘徊。黑色的眸子里隐藏闪烁着烦恼忧愁。一个世纪的悲凉与失落，都在这里沉睡，沉睡……

才华横溢的徐志摩，寄情于山水，他将自己的情与爱全部蕴含在诗句中。一生都保持着真性情，爱憎分明。小曼就是徐志摩一生的等待，将自己的全部甚至生命都奉献给这个他深爱的女人。

爱上一个名媛是徐志摩的悲哀，一个诗人的悲哀。他们注定是两个世界的人，彼此除了爱情，他们之间的交集太少。小曼的生活是金钱堆积的华丽，徐志摩为了让自己的妻子过上这样的生活，疲于奔命，还是入不敷出。为了满足小曼的物质需求，一人在上海、南京、杭州等地的几所大学同时兼职任教。他还办了书店、杂志，并编辑翻译图书，一月下来能赚几百甚至上千元，这在当时是一个很大的数目。

上海这个繁华的城市还是不适合徐志摩这样的诗人，他一直想离开这个地方，只是一直没有下定决心。小曼很喜欢上海的生活，徐志摩知道小曼不会跟随自己而离开上海。促使徐志摩做出离开上海的决定，是光华大学的一次学潮。到了1930年，徐志摩只在上海光华大学和南京中央大学两处教书，而上海光华大学是徐志摩4年来经济的主要来源。但1930年底，光华大学的一次学潮却使他丢了饭碗，他被当局辞退了。徐志摩被辞退后，北京关心他的几个朋友，特别是胡适，为他着想，给他在北京大学找到一份不错的教职，因此徐志摩决定北上。

走，既是为了个人前途，也是为了生计。在上海，失去光华大学的工作，徐志摩已没有足够的钱养家。上海的家，一个月的开销最少要在五六百元上下。在北京，他在北京大学和女子大学两处教书，他的工资所得近六百元，再加上他写作、翻译和其他收入，养家不成问题，因此他才南北奔波。从春季到夏季，他来回往返于北京上海达8次之多。小曼依然坚持留在上海，不肯北上。

徐志摩这次决定不再迁就小曼，他要用自己的真情感动小曼，让小曼跟随自己在北京生活。徐志摩把小曼当作自己的唯一和希望，两地生活给徐志摩带来了莫大的苦恼。每天满满的工作让徐志摩感到疲惫，他需要小曼的陪伴。真心相爱的夫妻，需要彼此的温暖，怎么能够容忍长时间分离？徐志摩一直跟小曼书信联系，每一封都情真意切，希望小曼能够来北京与他一起生活。他用尽了各种办法，请求、哄骗、责备，任何方式在小曼面前都是耳边风，一点作用都没有。小曼喜欢上海的生活，尤其是翁瑞午的陪伴，让小曼觉得很快乐。要是到了北京，她就不能像这样自由自在地生活。她困了，翁瑞午会给她按摩。无聊的时候，翁会陪她外出游玩。想抽大烟的时候，他们同榻而卧，彼此陪伴。这一切只有在上海才能够实现。所以，小曼断然不会离开上海。

徐志摩忍受不了小曼的固执，他给小曼写了一封严厉的信。这封信诉说了多年来他对小曼的不满，指出她舍不得离开上海的原因是舍不得鸦片和与她一起抽鸦片的人。徐志摩一直用理解感动着小曼，他相信小曼与翁瑞午之间没有男女之间的私情。但是，小曼现在的态度，让徐志摩心灰意冷，他再也想象不到任何强大的理由能让小曼这么执着地待在上海。徐志摩觉得自己在小曼心中已经没有了位置，要是他们这样分居下去，他不知道他们的生活又会发生什么变故。

他在信里说：我想只要你肯来，娘为你我同居幸福，绝无不愿同来之理。你的困难，由我看来，绝不在尊长方面，而完全是积习方面。积重难返，恋土情重是真的。……就算你和一个地方要好，我想也不至于好得连一天都分离不开。况且北京实在是好地方。你实在过于执一不化，就算你迁就这一次，到北方来游玩一趟。不合意时尽可回去。难道这点面子都没有了吗？现在我需要我缺少的只是你的帮助与根据真爱的合作。

这封信看出徐志摩的严肃，也感觉到他们夫妻的疏远，直至徐志摩死，小曼也没有给他这点面子。

夫妻吵架在所难免，床头吵，床尾和，这也是常见的事情。小曼对于徐志摩这封信却是不理不睬，她心里充满了不满的情绪。她对徐志摩的惩罚就是冷漠，这种伤害对徐志摩来说实在是太大了。

徐志摩一直等待着小曼回信，但是小曼却与翁瑞午一起出去游玩，根本就没有给徐志摩回信的念头。

徐志摩已经意识到小曼的绝情，他看到了小曼的变化。爱情已经随风而逝，而徐志摩却是一个无爱不欢的人。他开始认为自己在小曼的心中只不过是一头牛，赚钱的工具。小曼现在离不开他，是因为小曼还需要他的供养。等有一天，小曼不需要钱的时候，他自然就成了无用之人，随意丢弃。徐志摩很害怕，他想要挽回小曼的心，就必须让她离开翁瑞午北上生活。

徐志摩使出浑身解数也换不来小曼一封信，小曼已经麻木。徐志摩的任何语言都对小曼没有作用。徐志摩忍不住了，他想刺激小曼，希望她能回一封信，让他能够知道小曼心里的想法。徐志摩责怪小曼说：连一个恶心字也不给我寄，这一激，还真激出一封信来，虽然是姗姗来迟。这封信是回复徐志摩前头几封信的，她写道：顷接信，袍子是娘亲手放于箱中，在最上面，想是又被人偷去了。家中是都已寻到一件也没有。你也须查看一下问一问才是，不要只说家中人乱，须知你比谁都乱呢。现在家中也没有什么衣服了，你东放两件西放两件，你还是自己记清，不要到时来怪旁人。我是自幼不会理家的，家里也一向没有干净过，可是倒也不见得怎样住不惯，像我这样的太太要能同胡太太那样能料理老爷是恐怕有些难吧，天下实在很难有完美的事呢。玉器少带两件也好，你看着办吧。既无钱回家何必拼命呢，飞机还是不坐为好。北京人多朋友多玩处多，当然爱住，上海房子小又乱地方又下流，人又不可取，还有何可留恋呢！来去请便吧，浊地本留不得雅士，夫复何言！

小曼从来都不是逆来顺受的女子，她一直都像一个公主、王后一样活着。她不了解徐志摩，徐志摩这样逼迫，只是因为他还是那么在乎小曼，没有小曼的日子依然是世界末日。但是小曼却不这么想，她认为徐志摩在无理取闹，他开始嫌弃自己不是一个贤妻良母。自己的品性徐志摩已经很清楚啊，那时候的海誓山盟一点也经不起时间的考验。在小曼的心中徐志摩那一封封信，就是在找她的不是。小曼想，徐志摩或许还有别的主意，在北京另有新欢也说不准。一个变心的男人还有什么挽留的必要，所以小曼让徐志摩自便。小曼就是这样骄傲的女人，她有这样的资本。小曼的身边从来都不缺知己，她的异性朋友多不胜数，所以她从来都不会感到寂寞。

　　一对夫妻，来往书信变成一种争吵和讥讽，还有什么感情可言。小曼请徐志摩一切自便，话已至此，情也所剩无几。徐志摩更是心灰意冷了，他没有想到小曼对待他们之间的感情这么随意。这样就尽了，心也凉透了。人们常夸小曼聪明，可她的聪明在哪里？一个靠男人供养的女人，竟可这样理直气壮，只有小曼才会有这样的脾气和架子。

　　1931 年 6 月 25 日，志摩写信与小曼摊牌：如果你一定要坚持的话，我当然也只能顺从你（指不来北京的事）；但我既然决定在北大做教授，上海现时的排场我实在担负不起。夏间一定得想法布置。你也得原谅我。我一人在此，亦未尝不无聊，只是无从诉说。人家都是团圆了。叔华已得通伯，徽因亦有了思成，别的人更不必说常年常日不分离的。就是你我，一南一北。你说是我甘愿离南，我只说是你不肯随我北来。结果大家都不得痛快。但要彼此迁就的话，我已在上海迁就了这么多年，再下去实在太危险，所以不得不猛醒。我是无法勉强你的；我要你来，你不肯来，我有什么想法？明知勉强的事是不彻底的；所以看情形，恐怕只能各行其是。志摩决心不再迁就、勉强小曼，决定各行其是，这或许就是解决问题的暂时办法。

任劳任怨的徐志摩开始对抗自己曾经认为理所应当的生活，他不想这样没有尽头地等待下去。他在与小曼的生活中已经感受不到任何快乐，只有痛苦与纠结。陆小曼是他的妻子，徐志摩一直死心塌地地爱着她，希望能够挽回她的心。徐志摩选择了这样极端的做法，但是，他没有想到，就是这封信把他们的关系推到了破裂的边缘。

阴阳两隔，匆匆永诀

十年生死两茫茫，不思量，自难忘。千里孤坟，无处话凄凉。生生世世的等待，一回眸，时过境迁，物是人非。你走了，我还在这里。你洒脱离开，却留给我日日夜夜的思念。此生的泪水注定要为你流干，一个人，一盏灯，一扇窗，一直等待着你的归来，午夜梦回，你还会回来吗？

> 轻轻地我走了，正如我轻轻地来；
> 我轻轻地招手，作别西天的云彩。
> 悄悄地我走了，正如我悄悄地来；

我挥一挥衣袖，不带走一片云彩。

徐志摩轻轻地走了，却将无限的悲伤与思念留给了小曼。是是非非都变得苍白无力，所有的琐事都变成了过眼云烟，唯有爱情经得起生死的考验。曾经以为的天堂变成了地狱，那时候的地狱却成了现在美丽的梦幻。徐志摩的每一个身影都深深地印在了小曼的心中，久久不肯离去。生活就是一个骗子，他戴着面具欺骗着所有无知的人。只有真情与信任能够逃过生活的骗术，但是，很多人不经意间丢弃了曾经的真心，陷入它精心设计的琐碎。有时候，它是一个魔鬼，会将一个人的心撕得粉碎。

徐志摩飞机遇难，送给他免费机票的南京航空公司主任保君健亲自跑到徐家给陆小曼报噩耗。但小曼不相信这是真的，她把报噩耗的人挡在门外，是她确实不能相信。好好的人，一夜之间，竟然生死两茫然。徐志摩说过要陪她终老，等头发全白了，牙齿都落了，还要牵着她的手一起看夕阳。他怎么会先走呢？他不是希望自己北上陪他吗？这一切都不是真的，小曼不敢相信自己的耳朵。她还想向徐志摩道歉，那一天她不该那样对待徐志摩。小曼将保君健推出了自己的家。

保君健不得已只能去找张幼仪，因为徐志摩的父亲和儿子与张幼仪一起生活。张幼仪冷静地处理了这一悲痛的事件，她派13岁的儿子徐积锴和八弟去山东认领尸体。后来张幼仪说："她（陆小曼）出了什么毛病？打从那时候起，我再也不相信徐志摩和陆小曼之间共有的那种爱情了。"张幼仪的心里责怪陆小曼，确实这些事情归根究底还是因为陆小曼。她是一切灾难的源头，人生没有再选一次的机会，如果知道徐志摩会离开这个世界，张幼仪那时候断然不会点头。她以为自己这样坦然的做法能够让徐志摩从此过上幸福的生活。没想到，徐志摩婚后的生活并不快乐，现在居然因为这个女人的虚荣丢了性命。张幼仪悲痛万分，她又很庆幸，毕竟她还生下了徐志摩的孩子，保住了徐家的根。每当想到徐志摩那个不称职的妻子，张幼仪就心生怜悯。

死讯得到证实后，小曼一下昏厥过去，醒来后，号啕大哭。这时，她真的悲痛到极点，害怕到极点，悔恨到极点。痛苦和悲伤击倒了她，使她变得麻木。在徐志摩的所有亲人和朋友中，数她最痛，她和徐志摩唇齿相依，失去徐志摩，就等于她的天塌了。她思绪万千，悔恨自己的所作所为，她失去了世间最爱她的人，失去了此生唯一的依靠，她以后该怎样生存？这种种使她悲痛不已，伤心欲绝。

徐志摩死后，所有的亲人和朋友都为他悲痛，他的老父悲痛不已。他哀痛、悔恨、难过，他恨陆小曼害死了他的儿子。如果不是她，不是为了供养她而南北奔忙，他怎么会乘飞机飞来飞去？徐志摩死后，他的老父亲瞬间又老了很多，白发人送黑发人，而且在这同一年，他失去了两个最亲的人，妻子与儿子。知儿莫如父，他在挽联中写道：考史诗所载，沉湘捉月，文人横死，各有伤心，尔本超然，岂期邂逅罡风，亦遭惨劫？自襁褓以来，求学从师，夫妇保持，最怜独子，母今逝矣，忍使凄凉老父，重赋招魂？徐志摩去世后，徐申如把一切罪责加在陆小曼身上，对她痛恨万分。

徐志摩的去世，林徽因十分悲痛，写下了感人肺腑的《悼志摩》

一文。胡适失去了他最好的朋友，惋惜痛哭。徐志摩所有的朋友都流下了悲痛的眼泪。

悔恨、痛苦、恐惧一起向小曼袭来，本来病弱的她一时无法承受，哭泣耗尽了她所有的力量。徐志摩去世后的第二天下午，郁达夫与王映霞去看望她。小曼穿了一身黑色的丧服，头上包了一方黑纱，十分疲劳，万分悲伤地半躺在长沙发上，见到郁达夫夫妇，没有多说什么。在这场合，说什么安慰的话，都是徒劳的。沉默，一阵长时间的沉默。小曼蓬头散发，连脸都没有洗，一下子老了很多。

郁达夫描写道：悲哀的最大表示，是自然的目瞪口呆、僵若木鸡的那一种样子，这种状态我在小曼夫人当初接到志摩凶耗的时候曾经亲眼见到过。小曼几乎倾尽了自己的力气，整个人被掏空了，她的目光呆滞、游离，仿佛已经没有了灵魂。

徐志摩唯一没有损坏的遗物，是放在铁匣中小曼的山水长卷，准备拿到北京让朋友们再题词的。小曼看到这件遗物，想起志摩一贯对她的深爱，哭得死去活来。悲痛就像热浪一般，一阵阵向小曼袭来，她好几天都茶饭不思，不眠不休，闻者悲痛，听者伤心。

1931 年 12 月 6 日，上海举行了公祭，去了两三百人。死，总是一件可悲的事情，而徐志摩之死极尽哀荣，大厅里人山人海，挽联挂满了墙壁，花圈从灵堂一直放到天井里。小曼极度悲哀，朋友们本应安慰她，请她节哀，但许多朋友却不能原谅她，恨她切齿！许多朋友，如何竞武、胡适、林徽因、金岳霖等不肯原谅陆小曼，认为小曼不肯北上是徐志摩死的原因，此后这些朋友大都与她断绝来往。

一个月后，小曼在极度悲哀的情境中写下凄婉哀怨的长篇悼文《哭摩》。《哭摩》表现的是徐志摩的死对小曼的打击，是小曼的后悔，是小曼的无助，可是一切都晚了。徐志摩写于1928年的《枉然》几乎就是为回应现在的小曼而作，诗句说：枉然用火烫的泪珠见证你的真。《哭摩》更多表现的是小曼的悔恨、自恨、忏悔，检讨自己婚后的种种过错，为自己的行为感到内疚，觉得万分对不起徐志摩。她说，由于她的病，使他无法过安逸的日子，不再欢笑，沉入忧闷，使他失去了诗意和文兴。他们理想中的生活全被她的病魔打破，因为她连累徐志摩成天也过那愁闷的日子。

　　小曼回想起徐志摩对她的好，两年来从未有一丝怨恨，也从未对她稍有冷淡之意。徐志摩一直迁就小曼的生活，一直努力赚钱供养着小曼昂贵的开销。徐志摩就是这样爱着小曼，是他彻底宠坏了小曼。她变得那么自以为是，看不见徐志摩的伤心，听不进他的好心宽慰。徐志摩总是耐着性子安慰她、怜惜他。

　　曾经几何，小曼只要稍有不适，徐志摩就声声地在旁慰问，如今小曼即使是痛死，也再没有徐志摩来低声下气地慰问了。再也听不到徐志摩那叽咕小语了。这一切都已经变成苍白的回忆，只有曾经那些若隐若现的身影陪伴着她。

　　过去她从听不进徐志摩的劝，现在徐志摩用死换来了她的大彻大悟。她说："我现在很决心地答应你从此再不睁着眼睛做梦躺在床上乱讲，病魔也得最后与它决斗一下，不是它生便是我倒，我一定做一个你一向希望我所能成的一种人，我决心做一点认真的事业。"她一直怀念着徐志摩的一切，将泪水化作前进的动力。小曼想用以后的人生偿还她欠下徐志摩的债，她从此要好好地生活，再也不过那种浑浑噩噩的日子。徐志摩走后，小曼也开始大彻大悟，重新审视生命价值，生活的意义。

徐志摩死后，小曼确实变了。陈定山先生在《春申旧闻》中说：自摩去世后，她素服终身，从不看见她去游宴场所一次。王映霞也回忆说：他飞升以来，小曼素服终身，我从未见到她穿过一袭有红色的旗袍，而且闭门不出，谢绝一切比较阔气的宾客，也没有到舞厅去跳过一次舞……在她的卧室里悬挂着徐志摩的大幅遗像，每隔几天，她总要买一束鲜花送给他。但这只能表示她的忏悔，用徐志摩《枉然》中的诗句说：纵然上帝怜念你的过错，他也不能拿爱再交给你！也许不懂珍惜，换来的只能是天谴。这不是小曼声声说的命，痛，只有自己默默承受。

若你归来，我将珍爱一生。此生你我的缘分已尽，但求来生我能还你今世的情。

鸦片毒瘤，蚀人心骨

罂粟是蛇蝎美人，世间人只要沾染上它，就会深深地迷恋，难以自拔。被它俘虏的人直到生命的最后一刻依然快乐，它带领着烟民生活在与世隔绝的世界里。那是一个神秘的国度，终极的享受掩盖着累累白骨。片刻停留，一生悔恨。

翁瑞午教会了小曼吸食鸦片，他是小曼的一生之中举足轻重的关键人物，他帮助了小曼一生，也害了小曼一生。鸦片这个令人闻风丧胆的东西，翁瑞午居然介绍给了小曼，最后一发不可收拾。翁瑞午是抽鸦片的，在认识小曼之前他就一直在抽，他认为这样才是享受生活。作为一个洋场浪子，他不为钱财发愁，不为生计担忧，所做的就是想尽办法享受生活。他经过朋友介绍开始将鸦片作为自己玩乐的工具，鸦片让他享受到了极致的快乐。他并不知道这个给他带来快乐的东西就是最后让他失去生命的罪魁祸首。

因为小曼身体常年不舒服，所以染上鸦片，渐渐地成了依赖。鸦片给人带来快乐，止痛的效果非常好。小曼这多病多痛的身体，自然成为鸦片乘虚而入的良机。鸦片进入小曼的生活以后，小曼是没有以前疼痛了，但是她变得麻木冷血了。这个蛇蝎美人从来没有让任何人成为赢家，世人只要沾染上它，就没有好下场，它会耗尽他们所有的元气，最后成为一具枯骨。

徐志摩走后，小曼的烟瘾更大，终日用大烟麻痹着自己的灵魂。翁瑞午一直供养着小曼，包括她的鸦片以及其他所有的用度。小曼在二十八岁就已经深深陷入鸦片的旋涡，没有任何创作激情。曾经的绘画天赋也全都抛弃了，徐志摩十分痛心。小曼在徐志摩眼中就是一块璞玉，只要加以雕琢，前途不可限量。没想到，小曼的人生就这样毁了。

小曼的烟瘾是徐志摩的心头大患，不仅是巨额的花费，而且那东西根本就不是减轻病痛，而是将小曼的身体抽干，就连她的灵魂也没有放过，尽数摧毁。徐志摩痛心疾首，小曼却是一个倔强的女人，不论徐志摩如何劝阻，她还是认为鸦片就是拯救她的好东西。徐志摩只能眼睁睁看着小曼被鸦片残害。徐志摩恨透了鸦片，每次看见小曼躺在烟榻上，他的心就在滴血。他看见的不是满屋子的烟雾而是小曼飘零的灵魂。

　　徐志摩日日夜夜地操劳，为了妻子的用度，拼命赚钱。到了家中看见自己的妻子待在不见天日的房间里与另一个男人抽着大烟，这就是徐志摩在上海的生活。徐志摩回到家，蜷曲在妻子的身后，心里思绪万千，慢慢地进入梦乡。这样的日子，没有人能够长久地忍受。徐志摩最终离开了上海这个让他深恶痛绝的城市，到了北京。小曼与翁瑞午还有鸦片厮守在一起，直到徐志摩离开人世，小曼也没有离开上海的念头，更没有戒烟的想法。

　　小曼曾向王映霞解释过自己抽鸦片的缘由，她说："我是多愁善病的人，患有心脏病和严重的神经衰弱，一天总有小半天或大半天不舒服，不是这里痛，就是那里痒，有时竟会昏迷过去，不省人事……喝人参汤，没有用，吃补品，没有用。瑞午劝我吸几口鸦片烟，说来真神奇，吸上几口就精神抖擞，百病全消。"小曼并没有意识到鸦片正在将她的身体慢慢地蚕食。她是一代名媛，接受过良好的教育，她知道鸦片的危害，她一直都知道鸦片不是好东西。当自己开始吸食鸦片时，小曼觉得鸦片是一个神奇的东西。时间久了，就更离不开了。

　　徐志摩发现小曼的身体越来越瘦，他很担心，就对小曼说了自己的想法。鸦片并不是灵丹妙药，她的身体愈加不好了。小曼笑着说，是没有以前胖了，但是她觉得精神非常好，尤其是刚吸完之后。

徐志摩不知道怎样劝说小曼离开翁瑞午，离开鸦片。

鸦片成了翁瑞午与小曼之间增进感情的利器，他们的共同爱好又多了一个。鸦片是每一天都离不了的，他们每天都在一起吞云吐雾。他也享受着与小曼在一起的快乐，对于烟榻上的事情徐志摩是不过问的。他就是这样静静地陪伴着小曼，他们俩天天在一起抽鸦片，风雨无阻。最后干脆住在小曼家，成为陆小曼的闺中密友。

看似荒谬的事情就发生在小曼的身上。翁瑞午这个花花公子对她一往情深，拜倒在她的石榴裙下，并且甘愿做她的知己、闺密。小曼对他也是用情深厚，他们每天都在一起，小曼对他的关心甚至超过了对自己丈夫的关注。徐志摩的母亲一直看不惯小曼的作风，她也感觉到小曼对翁瑞午那种超出朋友之间的关怀。

翁瑞午居然住进了小曼的家中，这是闻所未闻的怪事。一个男人光明正大地住进了一个有夫之妇的家中，这是何等的讽刺。徐志摩却容忍了翁瑞午与小曼的豪放作风，他知道一切都是鸦片惹的祸。

徐志摩回到家中看到陆小曼萎靡不振，成天就是吞云吐雾，十分不满，不免要说两句：眉，我爱你，深深地爱着你，所以劝你把鸦片戒掉，这东西对你身体有害。现在你瘦成什么样子，我看了，真的很伤心，我的眉啊！这是徐志摩的肺腑之言，他看见自己的妻子陷入大烟的泥淖，一定想尽力将自己的爱人挽回。

小曼本来不高兴，心里不好受，听徐志摩这么一唠叨，她大发雷霆，随手将烟枪往徐志摩脸上掷去，徐志摩赶快躲开，金丝眼镜掉在地上，镜片碎了。小曼以前也经常使性子，但像这样对徐志摩发狠、动手还是第一次。她这样发作、狠毒，令徐志摩伤心至极。

徐志摩想，小曼这样做说明她对自己已经没有疼惜之情。况且自己的颜面已经让小曼的烟枪打得粉碎，徐志摩这次真的伤心欲绝了。

他一怒之下离家外出，晚上也没有回来，他太绝望了，第二天下午才回去。回家之后，看到小曼放在书桌上的一封信，读后悲愤交加却又气极无语，没和小曼说一句话，随便抓起一条上头有破洞的裤子穿上，提起平日出门的箱子就走。这一切小曼和她母亲都看在眼里，却无法阻拦，只能眼睁睁地看着徐志摩离家出走。

这一走，竟成了永别……

醉生梦死，形影相吊

繁花深处，如梦幻泡影般，来来回回，熙熙攘攘。多才多艺的她，面若桃花。名媛淑女，大家闺秀的生活，光芒四射，万人瞩目。是男人爱慕、追逐的对象，是女人羡慕、嫉妒的美艳女子。她的身上有太多的爱恨交织，赞美与诟病并存。

她能跳（交际舞）、会唱（京戏、昆曲、评剧），能写（诗、剧本、小说、散文）、会画（山水花鸟），能书、会译（懂英文、法文），还能说会道，这样的名媛一个时代出不了几个，因此当时成为众男人追求的对象。她的生活充满了赞美，从上学的时候，她就是一个与众不同的学生。进入交际圈大放异彩，这样的生活让她感到快乐、满足。

从此，她便爱上了万人追捧、纸醉金迷的生活。她拥有完整的自我，从不为世俗、权势折腰，真切地活在这个世界上。封建礼教禁锢不了她的灵魂，她毅然选择了爱情。她只为自己活着，没有任何一个男人能够让她牺牲自己的人生。她，就是繁华中的璀璨，冷傲中却带着柔情。

　　她不仅是一个漂亮、多才多艺的女人，还是一个十分聪明的女人。连徐志摩的前妻张幼仪，一个本应嫉妒她的女人，也说："我看到陆小曼的确长得很美，她有一头柔柔的秀发，一对大大的媚眼。饭局里，她亲昵地喊徐志摩'摩'，他也亲昵地叫她'曼'和'眉'。"这等风情万种、自然潇洒的女人谁不喜欢，不想拥有？男人对小曼的追捧造就了她目中无人的性格。她就是这样随性，与王赓分手时没有一丝留恋。对于徐志摩，她没有牺牲自己追求，最后也没有跟随徐志摩北上。

　　王赓想拥有她，徐志摩想追到她，翁瑞午想占有她，人同此心。小曼虽然多才，但那个时代女人一生的事业还是嫁人，嫁对人就是女人的成功。在王赓的眼里，她是美艳的夫人，可助他爬上更高的位置；在徐志摩的眼中，她是一块璞玉，他要亲手雕琢，让她成才；在翁瑞午的眼中，她就是女人精华中的精华，就是精彩绝伦的女人，他喜欢，为她可以付出一切。她一生中最重要的三个男人，陪她走过了最美丽的年华，见证了她的美丽。不论是在舞池中，还是戏院里、烟榻上，她都是那么迷人。徐志摩在舞池中看见了这个翩翩起舞的女子，翁瑞午在烟榻上陪伴着这个女子。他们都无怨无悔，倾尽了自己的一生。

这样的女人注定是一把伤人的刀子，世人在赞叹她美丽的同时被她的锋芒刺痛。美丽的女人，令人着迷的女人，看不到这个女人的全部，这是一种魅惑。只有在社交场上，明亮的灯光下，才能将她的美丽捕捉。

这就是陆小曼的魅力，女人的魅力需要男人来证明的，陆小曼到老，她的家中也常有六七个男人与她聚会、谈天，男人们喜欢她，欣赏她，因为她不是传统意义上的女人，也不是交际花，她是男人们的知己和朋友。男人们除了需要家中有贤惠的妻子外，还需要女人能理解他们，小曼就是善解人意、受欢迎的女人。

徐志摩认为，小曼每天和诗人在一起就应该会写诗，她喜欢唱戏就应该写剧本，她有绘画的天赋就应该成为画家，其实这是一种误解。对一个人的期待过高，就成为他人的痛苦。小曼当然懒得听他的，每天仍然不是打牌、看戏、跳舞、吃饭，就是生病、抽大烟。渐渐的志摩失望了，小曼却不以为然。

令徐志摩烦恼，影响他们夫妻感情的最重要问题是金钱。小曼过惯了锦衣玉食的生活。她用的东西，什么都要最好、最贵的。就连家里的用人穿戴都比别人家的好很多。她捧戏子，一掷千金。她抽大烟，这又是一笔不小的花费。她这样生活，从来没有考虑过金钱的问题。身边的男人，自己的丈夫就是应该赚取更多的钱，供养自己的生活。

徐志摩到北京后写给小曼的 24 封信，几乎有一半谈到钱的问题。1931 年 2 月 24 日内的两封信都谈到钱，第一封问：大夏六十元支票已送来否？他时时处处惦记着家中钱的用度，一是因为钱用得太快，二是因为经常处于缺钱的状态，所以刚到北京就问大夏大学的钱，看来临走时，家中钱已不多。同一天的第二封信，告诉小曼他来北京后所能得到的薪水数目：北大的教授（三百）是早定的，不成问题。只是任课比中大的多，不甚愉快。此外还是问题，他们本定我兼女大教授，那也有二百八，连北大就六百不远。……只要不欠薪，我们两口子总够过活。这个时候，徐志摩在钱的用度上还是胸有成竹，比较乐观的。他来北京刚20天，家中就等钱急用，他托朋友余上沅带现洋一百元，劝小曼别急，日内即由银行再寄钱回去。3天后，即1931年3月18日，来北京还不到1个月，已领到北大三百元，由银行汇到上海。到了1931年的6月14日，他来北京不到4个月，除了自用不算，路费不算，已给家中寄去两千多元，他规定小曼1个月的开支是五百元，但小曼那里又似乎连五百元都还不够用似的，钱不管有多少，总不够小曼用，到了这个月似乎需要借钱，但借钱又无处开口。

小曼就是这样一个花钱如流水的女人，徐志摩的朋友告诉他，陆小曼只适合做官太太之类。看来这句话是真的有道理。小曼的作风真的就是这样，还经常惹事。王赓那时候就经常告诫她，不要在外面太过招摇，以免生事。小曼根本就不会放在心上，她依然那样高调地活着。这就是陆小曼的本性，只有爱情的婚姻与只有金钱的婚姻在陆小曼看来也没有太大的区别。

她因为钱的事情，对徐志摩心生不满，已经不是一两天了。小曼认为一个丈夫的责任就是养家糊口，这没有任何抱怨的必要。刚结婚的时候，小曼也受了不少的苦。小曼讨厌那种生活，她从来都没有受过苦，她觉得自己是真心对待徐志摩。作为他的妻子，享受丈夫带来的幸福生活也是理所当然，小曼在钱的问题上考虑得并不周全。她没有看到王赓与徐志摩的区别，徐志摩是一个文人，他并不擅长取财之道。这些钱对于徐志摩来说是一笔不小的数目。

徐志摩因为钱的事情焦急得睡不着。诅咒：钱是真是太可恶了，来时不易，去时太易。最后不得不与小曼商量，在房子、车子、厨房三样上节省，因为他们的房子太大，两个月就需要三百多元，确实是太奢侈了。车子似乎也是一笔大的开支，劝小曼卖了车子。而厨房更是一个大窟窿，因为在他家吃闲饭的人太多。小曼家里总是有客人，他们经常聚餐，自是丰富的菜肴。小曼是一个极爱面子的人，不可能在吃饭上亏待这些朋友。善于交际是小曼的优点也是缺点，她总是不会筛选。免不了会有一些酒肉朋友，他们就是来吃饭、热闹，对小曼的事情并不上心，只是在小曼家里吃喝玩乐。徐志摩讨厌这样的朋友，也没有必要与这样的人交往。小曼并不在意这些，她需要热闹与浪漫，其他的事情她从来都不会多想。

这一大笔的费用在徐志摩活着时，小曼似乎一样都没有省，只是在徐志摩去世后，在写给胡适的信中说为了节省开支要搬家，但也并没有搬，她的铺张是一贯的。徐志摩希望以后把家用节省到每月四百元，但那是不可能的，她只鸦片、医药两项下来就得三百元，再加吃、用，车子、衣物，上上下下10多个人的开销，每月最少六百元。徐志摩实在负担不起上海的家用，而举债过日子的生活太让他难堪、丢脸。他真有些招架不住了！

徐志摩想逃离这样让他喘不过气的生活，他是一个诗人，不是一身铜臭的商人。徐志摩一生最看不惯为钱而活的人，现在他却过上了这样的生活。只是因为自己娶了一位名媛做妻子，他就要付出自己的理想与追求。爱了就爱了，徐志摩没有办法控制自己的情感。小曼一生都没有彻底脱离那种浮夸的生活。

第七章

铅华洗尽，绝世红颜落花逝

若你归来，挚爱一生

爱与不爱就在这里，不曾离去。一次华丽的邂逅，一场浮华的美梦。执子之手，与子偕老。夕阳的余晖照耀着大地，等待着月夜的降临。一切都静得可怕，风，吹动着树叶，沙沙作响。那是死亡的气息，要抽走身上的最后一丝温暖。漫无边际的黑暗，压抑着所有的人。想见的人已经慢慢远去，渐渐模糊……

他们夫妻之间变得越来越疏远，信中彼此没有好话，见面也没有热脸。以致徐志摩在信中求她给他一种相当的热情，给他一点欢容。为了满足陆小曼庞大的开支，徐志摩不得不像翁瑞午之流一样做起了房地产中介人，希望通过赚点佣金补上家中的亏空。可是赚这点佣金并不容易，来来回回很麻烦，问题层出不穷，还不见得做成，对于无所事事的人似乎并没有多大关系，对于本已很忙，还想写诗的徐志摩来说，就是一种折磨，大大地影响了他的情绪和精神。徐志摩为了小曼什么苦都能受，他不想让小曼因为钱有任何的不快。就算是自己最不情愿做的事情也要尝试着进行。

家中还急等钱用，徐志摩没有其他办法能够挣到更多的钱。因此他不得不为此事，奔波于南北之间。徐志摩已经身心俱疲，小曼一点都不理解自己，还经常给他脸色看。再加上繁重的工作，徐志摩真的是在强撑。小曼并不觉得感激，还是坚持着自己的喜好。可怜的是，徐志摩要回上海，竟连买票的钱都没有，如果走就得负债，这便如何是好？他说自己穷得寸步难行。结果在他去世前，还欠债五百元。

徐志摩做的工作挣的钱并不少，要是普通人家，肯定是绰绰有余。但是小曼还是不够用。不论徐志摩给小曼的钱增加多少，总是满足不了小曼的需求。徐志摩每个月都只给自己留一小部分钱，其他的全数寄到上海供家里开销。徐志摩的衣服有时候都是破烂的，没有人缝补，也没有人置办新衣。现在徐志摩连买车票的钱都没有，只有负债才能回家。因为借钱的事情，徐志摩在朋友面前抬不起头来，他总是那么拮据，朋友们也为徐志摩难过。看到徐志摩的行头，谁都不会想到，他的家中居然会有一位一掷千金的夫人。

他想改变环境，重新振作，但小曼不配合，闹得他不仅要两地分居，忍受生活的不便和分居的寂寞，还得为钱奔忙，终究还是举债度日，他的日子真是过得暗无天日。所以胡适在《悼志摩》的文章中说，志摩死前，苦状不可形容，精神已到崩溃的边缘，可小曼还在那里浑浑噩噩。小曼一点也没有洞察到自己丈夫处境的艰难，她不是一个称职的妻子。

徐志摩与小曼结婚后，小曼并没有精力照顾徐志摩的饮食起居，有时候还要徐志摩为小曼担心。小曼喜欢热闹的生活，她的热闹里有自己的朋友、知己，却唯独没有徐志摩。她每天沉寂在自己的快乐之中，根本看不见徐志摩的悲伤。尤其是与翁瑞午在一起之后，小曼变本加厉。徐志摩只能默默地忍受着他的爱人带给他的所有苦痛。

为了做成蒋百里和孙大雨的两桩房地产生意，徐志摩决定回上海一趟。1931年10月29日，他给小曼写信说：我如有不花钱的飞机坐，立即回去。随后小曼写信来催他：你来不来，今天还不见来电，我看事情是非你回来不成。况且这种钱不伤风化的，少蝶不也是如此起家的吗？你不要乱想，来吧。徐志摩从10月29日准备回家，但因没有钱买火车票，想乘张学良的飞机，但其一再延期，徐志摩也只能一等再等。

在等待回家的过程中，他几乎见了北京所有的朋友，好像是在与朋友们做最后的告别。离京之前他见到了刘半农、熊佛西、叶公超、许地山、凌叔华、吴其昌、陶孟和、沈性仁夫妇、周作人。11月10日晚，参加宴请英国柏雷博士的茶会，林徽因也去了。柏雷博士是英国作家曼殊斐尔的姐夫，来中国开太平洋会议，徐志摩十分殷勤，希望可以再从柏雷口中得些曼特斐尔早年的影子。只因时间所限，茶会匆匆便散了。他和林徽因一起出来，在北总布胡同口分手，当时还不知道明天能飞。回到胡适家，得知明天要南飞。又来梁家，适遇梁思成和林徽因有约外出，他等了一会儿，喝了一壶茶，等不来主人，便在桌上写了个便条：定明早六时起飞，此去存亡不卜……

林徽因回来一看便条，心中一阵不痛快，忙给徐志摩去了一个电话，说："到底安全不安全？"徐志摩说："你放心，很稳当的，我还要留着生命看更伟大的事迹呢，哪能便死？"11月11日晨6时乘飞机由北平起飞，到南京后去看望张歆海、韩湘梅夫妇，谈至夜晚，张韩夫妇送他上火车回泸。

1931年11月18日下午，徐志摩坐车到南京。急急忙忙从北京赶回来，在南方只待了7天，在家只过了3天，还受了这样的侮辱，就又急急忙忙往北京赶，实非他所料。18日上午，徐志摩在陈定山家，托查猛济约曹聚仁第二天同往苏州访章太炎先生。也就是说，如果不是小曼的那封信，第二天他不是回北京，而是去苏州。但看到小曼的信后，他改变主意，不去苏州了，而是要回北京。回北京，确也正好可以去听林徽因的演讲，是小曼的这封信促使他离南回北。也是因为要急着离开南方，他临时决定坐邮机回北京。

到南京后，住在老同学、好朋友何竞武家，彻夜长谈，所谈内容一定是小曼的问题，徐志摩一定向他最信任的朋友诉苦，所以徐志摩死后，何竞武才坚决要与陆小曼断绝来往。19日早上8点钟，乘"济南"号飞机从南京明故宫机场起飞。9点钟从南京机场给梁思成夫妇发电报，让下午3点到南苑机场去接。虽然与小曼不欢而散，但10点在徐州，他有不祥之感，还给小曼发一封信，说头痛不想再飞。10时20分，飞机继续北飞，飞抵济南附近党家庄时遇上大雾，因正驾驶王贯一精神不集中，飞机误触山头，机身着火遇难，徐志摩终年35岁。

徐志摩就是这样带着对小曼的怨恨离开了，或许没有恨，只有怨。徐志摩走时的心情没有人知道。但是，他一定不愉快。这次回上海，他被小曼伤得遍体鳞伤。他们之间有太多的心结和误会，彼此都没有放下心中的不悦。这样的见面就更加容易引起矛盾，徐志摩与小曼都不是心平气和地交流。

徐志摩因为小曼不肯北上一直不开心，他真的恨透了小曼的自私。她从来都不为徐志摩考虑，只要自己快乐。小曼根本就没有把他放在心上，他始终不如翁瑞午和鸦片。曾经几封绝情的信，徐志摩并不是真心说，只是因为小曼的固执，他气得失去了理智。他说自己不再供给小曼的生活费用，但是他还是一如既往地努力赚钱。相信一切都只是气话，不是徐志摩的真心话。

小曼却记在了心里，徐志摩现在居然开始用钱来威胁她了。这是莫大的侮辱，小曼一直觉得徐志摩是一个视金钱如粪土的人，怎么会在意那些身外之物。现在徐志摩已经变了，而且他的心里已经没有自己的一席之地。难道徐志摩想就此离开她？小曼一直想了很多天。她想徐志摩回来之后能够好好地聊一聊，看看徐志摩内心的真实想法。她绝对不是那种没有主见的女人，更不是随意屈服的女人。要是徐志摩真心不想与她一起生活，她就放手让徐志摩离开。

夫妻两地分居，应该是小别胜新婚，如胶似漆。小曼与徐志摩见面后，却是一番争吵，这是他们没有料想到的，事情最后竟然发展到如此田地。徐志摩是好心劝阻小曼，希望小曼能够戒掉鸦片。小曼看见的却是徐志摩那高傲的嘴脸。这就是感情的偏见，都带着自己主观的色彩看待一个人、一件事，自然会看见不真实的情况。徐志摩愤然离家，也提前了回北京的行程。小曼并没有阻拦徐志摩，她觉得强扭的瓜不甜。徐志摩却觉得小曼的心已经变了，不知道在谁的身上。

当小曼将自己的烟枪砸向徐志摩的时候，他们的夫妻缘分就已经开始倒计时。就是因为这个举动，促使徐志摩上了那架致命的飞机。人生没有如果，只是一场无法回头的棋局。生死一线，将徐志摩与小曼的距离拉伸到了无限。永恒的离别，阴阳两隔。

不离不弃，莫逆于心

沧海中一叶孤舟，随波逐流，漫无边际地游荡在海面上，只有孤独与黑暗的陪伴。她却还是幸运的，不论是身在何处、何时，总有那么一个人陪伴在她的左右。闺中密友成为她的救命稻草，伴着她度过最黑暗、寂寥的日子。

翁瑞午，小曼生活中的重要人物，世俗却容忍不了他们之间的关系。小曼的名誉全因翁瑞午受到玷污，可小曼却从不这样认为。不管是徐志摩生前的劝说，还是徐志摩死后胡适的最后通牒，或者是赵家璧和赵清阁的好心相劝，小曼从不搭理，她可以众叛亲离，就是不离开翁瑞午。

小曼这样对待翁瑞午不仅因为她与翁瑞午之间志趣相投，还因为其对小曼的关怀，让小曼倍感温暖。曾经她与他的关系就是社交场上、烟榻上的相互陪伴。自从徐志摩走后，他就成了小曼的精神支柱，她的依靠。徐志摩走后的那段黑色的日子都是他陪伴着小曼，督促她吃饭、睡觉。要是没有他，小曼也不知道自己怎么度过那段日子。

在小曼的生活中出现的 3 个男人中，小曼与翁瑞午生活的时间最长，从 1928 年到 1961 年，共 33 年。33 年，不离不弃，也是一份情缘。不是丈夫胜似丈夫。没有爱情，也有感情。他们之间就是唇齿相依，相濡以沫。在小曼的心中，徐志摩就是她的星星，她仰望着，爱慕着，用尽一生的时光去爱这个男人。翁瑞午就是滋养她生长的水分和土壤，是她最离不开的人。

人的感情就是这样奇怪，王赓可谓社会栋梁，可小曼就是不喜欢他。从始至终，小曼对王赓就没有爱情的感觉。徐志摩与陆小曼有真正的爱情，可生活中冲突频频，几乎濒临破裂。翁瑞午，小曼说她对他只有感情没有爱情，可他们却相处和睦，长达33年。或许，拥有就是失去的开始，只有丢开对对方的控制与占有才能真正地天长地久。

小曼与翁瑞午最初绝无苟且瓜葛，后来徐志摩坠机罹难，小曼伤心至极，身体大坏，尽管确有许多追求者，也有许多人劝她改嫁，她都不愿，就因她深爱徐志摩。但是由于旧病更甚，翁瑞午为她按摩医治，他又作为老友劝慰，最后走到了一起。

与陆小曼来往较多的另一个老朋友陈巨来说：志摩死后，小曼家中除翁瑞午外，常客只有瘦铁与赵家璧、陈小蝶数人。当时，每夕瑞午必至深夜始回家中，抗战后他为造船所所长，我为杨虎秘书，均有特别通行证者，只我们两人谈至夜十二时后亦不妨。一日，时过两点了，余催瑞午同走，他云，汽车略有损坏，一人在二楼烟榻上权睡一宵吧。自此遂常常如此，小曼自上三楼，任他独宿矣。及那月底，徐申如送来三百元附了一条云：知翁君已与你同居，下月停止给钱云云。后始知徐老以钱买通弄口看门者，将翁一举一动，都向之做汇报的。当时翁大怒，毫不客气，搬上三楼，但另设一塌而睡者，自此以后小曼生活，由其负担矣。

她和他更像是不离不弃的知己：一起唱戏，共同游玩，偶然合作一幅画，送她喜欢的画作，投其所好；给她按摩，分文不取；点烟送茶，心甘情愿；听她诉苦，多有理解；关心照顾，体贴入微；提供金钱，不遗余力；半生相伴，不离不弃。一个男人 33 年如一日地对待一个女人，这应该叫什么？小曼说这是感情不是爱情，或许这是对抗世俗的借口，又或许她只是想让自己的心里舒服一点，不想承担背叛徐志摩的良心拷问。

徐志摩死了，小曼与翁瑞午更是纠缠不清。更有传闻，徐志摩在的时候小曼就已经给他戴上了"绿帽子"。这让徐志摩身边的朋友都为徐志摩感到惋惜，人都已经去了，还要遭受这样的侮辱。胡适要小曼离开翁瑞午，但她并没有离开翁。她为什么要听胡适的话呢？胡适能给她翁瑞午给她的体贴和供养吗？胡适说如果她与翁瑞午不断绝关系，他就和她断绝关系，她说那就自便吧！总之，这个世界上，她可以离开任何人，唯独离不开翁瑞午。她不在乎名节，她在乎有人照顾她、关心她、心甘情愿地服侍她。

胡适一直认为，老爷子已经每月给她三百元了，她就应该为了徐志摩的名誉听大家的话离开翁瑞午，既拿了钱，又不听话，这叫什么事？三百元，那个时候够一家大小十口人吃喝，这笔钱一个人花足够，靠这笔钱，她完全可以独立，离开翁瑞午。但陆小曼始终没有答应这个条件，她不想像那些旧式女人一样，年纪轻轻就守寡，还要断绝一切与男人之间的联系，最后抑郁而终。生命就在无限的寂寞之中度过，小曼不想要这样的生活。她断然不会离开翁瑞午，那是她最后的救命稻草，她需要他的关怀。

徐志摩走了，她更离不开翁瑞午了，她需要一个男人，为什么她不可以有一个男人？她才 29 岁。何况她依赖惯了翁，她需要他的陪伴，需要他给她点烟，需要他陪她说话，需要有男人的感觉。她是男人追捧惯了的那种女人，怎能离开男人？翁瑞午就是她的男人，她的情人，那又怎么样？她只要关起门来做她的皇后，别人又能把她怎么样？

陆小曼虽然为了翁瑞午顾不了社会舆论，但她还是为徐志摩留了一丝的尊严。比如绝不再嫁，还是为了徐志摩的名誉。一个名媛不能没有社会地位，否则她将失去名媛的身份，名媛最讲究的就是出身和身份。她虽然与翁瑞午同居，但却不结婚。因为她不愿其抛弃发妻。

小曼的卧室里常年挂着徐志摩的遗像，每天为他摆上鲜花，翁也能接受。而翁瑞午在后期与一个女学生生了一个私生女，陆小曼也能包容。他们虽然一起生活了 30 多年，似乎还是各有各的自由。或许这样有空间的生活才是他们这种人需要的生活，他们不喜欢被别人完全地束缚、控制。就是因为彼此留有余地，他们才得以恩爱33 年。

陆小曼最终在《自传》中承认她与翁瑞午的同居关系，在那样的局势下，公开他们的关系后还能继续同居，可见小曼的勇气。

小曼的朋友赵家璧和赵清阁也奉劝小曼离开翁瑞午。他们是出于好意，既是为了她的名誉，也是为了她的前途。因为他们认为翁瑞午这种人恐怕难以被新社会谅解和接受，怕小曼跟着他受连累。事实上，小曼没有受到什么连累，也从没想过与他分手。

赵清阁和赵家璧把陆小曼约到赵清阁家，开始诚恳地劝她。赵家璧更是开门见山劝小曼和好友断绝交往，澄清外间的流言。否则就和他结婚。小曼不以为然，立刻反驳赵家璧，说："志摩死了我守寡，寡妇就不能交朋友吗？志摩生前他就住在同楼里，如今他会搬出去吗？况且十几年来他很关心、照顾我，我怎么可以如今又对他不仁不义？外间的流言，我久已充耳不闻了，反正我们只是友谊关系，别人怎么看，随它去。我问心无愧。"她言下确是坦荡豁达，并表现出一种固执和坚持。

　　徐志摩在世的时候，都没有说过非要他们分开的话，也许只有徐志摩能理解她。她对赵清阁说，她的所作所为，志摩都看见了，志摩会了解她，不会怪罪她。她说，冥冥间，睡梦里，仿佛我看见、听见了志摩的认可。是的，好心的徐志摩，宽容的徐志摩会认可的，徐志摩是一个现代人，一个拥有浪漫情怀的诗人，他或许能够宽恕小曼的所作所为。

　　徐志摩死后的 7 年中，小曼由公公供养。从 1938 年到 1956 年的 18 年间，完全靠翁瑞午变卖家产度日，小曼的开支很大，翁能 18 年如一日地无怨无悔地为她支付庞大的开支，如果不是强烈的爱还能解释成什么？但很少人理解这一点。也许徐志摩也是这样想的，没有翁，小曼无法活下去，所以能够认可。小曼了解徐志摩。真正考验人的或许正是金钱，这好像是亘古不变的真理。现实生活中，舍得拿出钱来的人和舍得拿出情来的人似乎同一性质。

　　翁瑞午的字画变卖得差不多了，晚年他俩生活很拮据，但还是一起过了下来。苏雪林曾在 1960 年见过小曼一面，她回忆说："她那时是住在翁瑞午家里。徐志摩逝世后，小曼穷无所归，依瑞午为活。我也不知道翁瑞午是否有妻儿，总之，小曼住在他家里，发生同居关系是万难避免的事。小曼长年卧病，连见我们也是在病榻上。我记得她的脸色，白中泛青，头发也是蓬乱的，一口牙齿，脱落精光，也不另镶一副，牙龈也是黑黑的，可见毒瘾很深。不过病容虽这样憔悴，旧时丰韵，依稀尚在，款接我们，也颇温和有礼。翁瑞午站在她榻前，频频问茶问水，倒也像个痴情种子。"在所有人的回忆中，翁瑞午对小曼都是极好的。

翁瑞午在临终两天前，把赵家璧和赵清阁请来，请他们在他死后关照小曼。他抱拳拱手说道：今后拜托两位多多关照小曼，我在九泉之下也会感激不尽的。他一定也这样交代过其他人，小曼也许是他死前最不放心的人，他对小曼自始至终，也就算一份真爱了吧！1961年，他离开了小曼。

翁瑞午是小曼生命中不可或缺的人，他是小曼的守护者。虽然他们没有成为名正言顺的夫妻，但是他们的情意却是地久天长。至死不渝的陪伴和关爱，就是翁瑞午留给小曼最珍贵的情感。

丹青生涯，妙笔生花

一块璞玉需要雕琢，才能光彩夺目。才情需要有人欣赏，才能成名成家。图画是一个美丽的世界，真实中充斥着神秘的色彩。

将所有的思念与爱情都藏进画里，远在天国的你是否能够看见？完成你的心愿，成为你理想中的人，这就是我后半生的事业。

一声声真诚的表白，小曼已经认识到自己的错误，她明白自己是怎样辜负了徐志摩的良苦用心。世人是否也应该把怜悯施与她？不要那样绝情，一味地怪罪她吧！一个犯了错的人应该给她改正的机会，更何况她是在无意识中犯下的错。她没有未卜先知的能力，倘若她知道徐志摩会因为自己而成为另一个世界的人，她一定会改变自己的生活。她是一个任性的女孩，徐志摩就是这样宠爱着她，怜惜着她。小曼的坏脾气也是徐志摩这个深爱她的男人宠惯出来的，这些冥冥之中早有安排。

第一件让小曼从悲哀中惊醒的事还是经济问题，过去她可以把一切困难推给徐志摩，现在她没有了依赖，真成了一个叫天天不应、叫地地不灵的可怜女子。花丈夫的钱，是理直气壮的事情。可是丈夫去世了，她能靠谁呢？但她必须依靠人，于是徐志摩去世还不到一个月，她就强撑着身体，开始想办法了。

振作一两月后，钱的问题仍然渺茫，没有希望。衣食住行是必须承担的开销，最大的问题还是她的药还有大烟，这是花销中最大的部分。她已经离不开大烟，一日不抽，就会有万箭穿心般的痛苦。没有人愿意为她伸出援助之手。

小曼又开始变得消极、灰心、厌世。胡适发现不管不行，如果她生活没有着落，真的像徐志摩开玩笑说的变成风流寡妇，对徐志摩的名声会是一个巨大的损害，因此必须安顿好她的生活。胡适亲自去见老爷子，说服老爷子，老爷子实在没办法，答应每月给她三百元生活费。但提出要求，必须在每月的 20 号才能取钱。小曼对这一限制有看法，她觉得这样十分不方便。她要胡适再去说情，让老爷子不加限制，她想什么时候取钱就什么时候取。想必胡适一定不会再为这些枝节的事情让老爷子烦，所以她的这一请求老爷子没有同意。

小曼真的变了一个人，这确实是他人没有想到的。她不再去游宴场所，不再社交，闭门谢客。专心画画，编志摩文集，这是她后半生做的两件事。有一件事她十分坚决，绝不损毁徐志摩的名誉，也绝不再爱。她每日待在家中潜心作画，她有绘画的天赋，这是徐志摩认可的。徐志摩在的时候，一直鼓励她好好作画，经过一段时间的历练，一定会成名成家。小曼在学校的时候，就有人看上她的画，并用高价买走。

徐志摩去世后的 34 年中，小曼为徐志摩编就的书籍有：《云游》《爱眉小札》《志摩日记》《徐志摩诗选》《志摩全集》。当时过境迁，别人各忙各的事，是小曼一直关心着徐志摩文集的出版，一次次地跑出版社，一次次希望又失望，为徐志摩文集的出版操碎了心。她用她的实际行动表达自己对徐志摩的爱，表示自己真心的忏悔，证明自己做人的骨气。

一切的纷扰都已经离开了小曼的生活，以前那个作为名媛的小曼已经随风而逝。现在的小曼是重生以后的她。她要成为徐志摩的骄傲，因为她发现，以前灯火辉煌的生活并没有在她的生命中留下痕迹，唯有对徐志摩的爱镌刻在她的心中。茫茫人海之中，他们相遇了。他们快乐过、痛苦过，也悲伤过，但是他们的情成为最永恒的记忆。她要成为徐志摩心中的完美女子，以前的任性她都摒弃了。

别的事情她是一概不涉足了，她只想做一些徐志摩走时盼她做的事。她下定决心，这一次她再不能叫朋友们失望了，大家等着将来看吧！而且她真的振作精神开始学画，她请贺天健和陈半丁教她画，汪星伯教她诗。她每天画画，两个月里成果显著，小曼和老前辈一起开了一个扇子展览，卖出一些扇子，应该有望靠卖画维生。这是一个真正的新时代女性的活法，她有这样的才情和能力。

她是一个专业画师，可以称得上是一个女画家，一个有成就的画家。她是一代才女，受过良好的教育。能让那么多男人为她死心塌地的女人，绝对不只是一个名贵的花瓶。小曼可谓博览群书，才华横溢。她与徐志摩情投意合，刚开始吸引徐志摩的就是小曼的思想和她的桀骜不驯。绘画更是小曼的强项，不论是国画，还是油画，她都有一定的造诣。只要是她想留住的景物和人，她都会用心将它们留在纸上。小曼认为画作是神圣的事物。一幅画不仅是对现实的描绘，更是对画家自己的诠释。

徐志摩去世前她已小有名气，徐志摩去世后，她刻苦努力，1941 年开了个人画展，展出 100 多幅画，那全是她个人的努力，是她付出努力后得到的成绩。

为了提高自己的水平，她总是花很多的时间练习。有时候还要请老师指导，画不好时她总是一遍遍地尝试。教她画的老师一直赞扬她是一个勤奋的学生。但她仍然没有摆脱大烟的毒害，这可能是她一生的遗憾。每天只有抽完大烟的时候，她的精神和身体才会变得好一点。其他时候，她总是被病痛折磨得生不如死。幸好还有一个翁瑞午一直陪伴着她，真心对她好了一辈子。

中华人民共和国成立之后，她的画入选第一次、第二次全国美展，那真是她骄人的成绩了。1957年，她参加了美术家协会，光荣地成为美术界的一员，这是她为自己争得的荣誉。1959年，她被全国美协评为"三八红旗手"，真正成了女性中的一类榜样，对于陆小曼这种懒散惯的人，这是一件了不起的事情。这一年，她还任上海市人民政府参事室参事。

老了，她才成了徐志摩希望的那一种人。为此，徐志摩九泉之下也能微笑颔首了。徐志摩没有爱错，就算是以前的种种让徐志摩受尽伤害，但是小曼的心中依然那样爱着徐志摩，从来没有因为生活的琐碎而变心。她只是一个有思想，不愿受别人摆布的女人。徐志摩对小曼的期望值过高导致了他最终的失望。

世人对小曼诸如"荡妇""交际花"之类的措辞真的太过严厉。若小曼真是这样的女人，王赓不会一直想挽留小曼，将她留在自己的身边。徐志摩不会至死都深爱着这个女人，翁瑞午不会倾尽一生的热情陪伴她。她一定是一个有魅力的女人，并且也是世间少有的真性情。很多时候，换一种立场就会有不同的感受和收获。世人都责怪小曼，将徐志摩的死全都归结在小曼的身上。她是有错，但是那都是间接导致的事故，小曼是无心之失。夫妻之间的是是非非只有他们自己才能深刻地体会，局外人终究还是局外人。或许在天上，他们还能成为神仙眷侣，没有伤害，没有痛苦，更没有琐碎的生活。

我想成为你心中完美的爱人，

请收下我给你的礼物；

此生你可以轻轻地离开，

来世请带我共赴黄泉。

似水年华，花落天涯

时光匆匆，回忆万千。酸甜苦辣涌上心头，春夏秋冬在不经意间变化。亘古的思念随着爱恨迷失在时空隧道里，数十载，煎熬苦痛都变成落叶随风而逝。只有爱陪伴着这个受尽时间沧桑的女人走过后半生，她是一个惊艳、一个传奇，值得历史铭记的女子。

小曼在徐志摩死后，终生素服，绝迹于跳舞娱乐场所。那时的她心如止水，常常以绘画和写诗来打发寂寞时光。为了纪念对徐志摩的爱，她还长年累月，每天买来鲜花供奉在徐志摩的遗像前。大约在徐志摩去世两年后的清明节，小曼去了一次浙江海宁硖石，为安息在故乡的徐志摩扫墓。想到人天永隔，再也无从捡拾前欢，一腔孤苦无告之情演化成一首痛彻心扉的小诗：

肠断人琴感未消，此心久已寄云桥。

年来更识荒寒味，写到湖山总寂寥。

小曼的后半生大部分时间与药罐相伴，整月难得梳洗化妆一回，靓丽的青春变得憔悴不堪。徐志摩还活在她的心里，想到徐志摩种种的好处来，她既伤感又歉疚。然而，她离不开翁瑞午，翁瑞午也始终守在她的身边，不惜变卖全部的古董字画来满足小曼日常的生活和治病所需。此时的小曼虽美人迟暮，但风韵犹存，只要她一开口说话，优雅大家闺秀的林下风度依旧使人陶醉，为之神往。

徐志摩走后，小曼为了麻醉自己更加离不开鸦片。她的身体也是一天不如一天。她有时想，死只是平常之事，没有什么好害怕。何况徐志摩已经在那个远远的地方等待着她的到来。徐志摩在那个冰冷的世界应该很寂寞，要是徐志摩想要她去陪伴，她一定义不容辞。自己的身体已经不重要。剩下的时间，她要用来思念徐志摩，她将所有的思念与情爱都寄托在她的画里。

小曼希望远在天国的徐志摩能够看见她的努力和进步，更重要的是她要让徐志摩知道，她一直深爱着他，只是还没有机会让他看到她的真心。徐志摩不喜欢她做的事情，比如社交这一类的事情，她杜绝了。现在才发现没有那样喧闹的生活，她的生活更加充实了。每天都要学习作画。还要和徐志摩聊天，告诉他自己一天的收获，就像他在自己的身边一样。徐志摩在的时候，一直希望小曼能够远离社交生活，潜心钻研画画，小曼做到了。她就是想让徐志摩走得安心，没有遗憾。翁瑞午看见小曼每天的生活状态，也没有责怪，他知道徐志摩是小曼心中永远的痛。小曼更离不开自己，因为一切已经成为习惯，自己也已经离不开小曼的陪伴。这就是平淡的生活，小曼与徐志摩的爱情就像天上的月亮一样美丽，不禁让人抬头仰望。但是，他才是小曼赖以生存的空气，小曼没有自己活不下去，他也是如此。所以，他不会剥夺小曼仰望天空的权利。

小曼未尝不留给翁瑞午自由的空间，翁瑞午本来就是一个洋场浪子，只是对小曼更加情深义重罢了，对于小曼这些已经足够。翁瑞午还有一个私生女，就是在与小曼在一起的时候与别人生下的。翁瑞午去世之后，小曼还替他照顾那个孩子，小曼并没有责备他。他们之间就是这样自然的关系，或许他们真的是同一类人，所以彼此了解，彼此宽容。

鸦片真的害苦了小曼，戒烟是徐志摩最后的心愿，小曼还是没能达成。因为抽鸦片小曼还进过监狱，最后还是翁瑞午想尽办法，打通关节才将小曼救了出来。小曼的烟瘾却是越来越大，花费更是一个大问题，翁瑞午变卖家中的收藏供小曼生活。他对小曼也算尽心尽力，因为他知道现在小曼的身边就只有他一个人。

小曼开始变得憔悴、苍老，她已经不是那个娇艳的名媛，优美的舞姿，姣好的容貌都已经不复存在。徐志摩走后，小曼已经真正成为一个普通妇人，一个有追求的女性，她每天都专心作画，安静地待在家中，拒绝一切社交活动，她就想用自己剩下的时间好好生活，努力弥补自己所犯的过错。翁瑞午也没有因为小曼不再美丽，年老色衰而离开她，对她仍然呵护有加。

美人迟暮，已然有痴情人陪伴在身旁。后来，小曼住进了翁瑞午的家中。他就像亲人一样照顾小曼，至死不渝。翁瑞午在临走的时候，最放心不下的就是小曼。他还将小曼托付给赵家璧和赵清阁，他真切地说，要是他们同意的话，他将感激不尽，含笑九泉。

翁瑞午的一生几乎一直围绕在小曼身边，自从小曼来到上海，他们之间开始难舍难分。他是最懂小曼的人，他们之间有太多的相同之处。他为小曼推拿按摩，陪小曼参加社交聚会，送她珍贵的名画，还教会了她抽鸦片。是他将小曼改变了，他既是小曼与徐志摩生活的破坏者，又是小曼的守护者。他的出现让小曼的世界悲喜交加。

小曼是一个有情有义的女子，不管社会上给她的压力多大，她都没有离开翁瑞午。很多朋友都劝小曼离开他，开始正常人的生活，免得遭受社会上那些人的侮辱，还能得到徐申如的资助。小曼拒绝了大家的好心劝说，她决意不会离开那个为了自己付出全部的男人。

1965 年，这个美丽、娇艳的传奇离开了这世界，轻轻地走向了她的爱人。

不求同生，但愿相守

时光匆匆而逝，容不得半点挥霍。生命的灿烂在指缝间轻轻滑过，若不珍惜，稍纵即逝。歌舞升平的繁华，遮住了你宁静的美丽。爱的尽头，你的倩影，在某个时空留下了隽永的印记。拥抱着柔情，摈弃所有的冷漠，温暖生生世世的情。

徐志摩轻轻地走了，留给小曼数十载的寂寞与悔恨。寂寥、漫长的思念终究还是有尽头。直到死亡的那一刻，小曼对徐志摩的爱已然深刻，曾经的是是非非已经让这数十载的时光洗刷得干干净净。唯有爱还珍藏在小曼的心中。

她不是一个水性杨花的女人，她对徐志摩的爱是真挚的，没有人能够取代徐志摩在她心中的位置。就算是最后与翁瑞午同居，小曼还是供奉着徐志摩的遗像。最后，小曼住在翁瑞午的家中，她依然带着徐志摩的牌位，这已经成为小曼的习惯。她离不开徐志摩的陪伴，哪怕只剩下回忆和照片，她也要紧紧地拥抱着。

　　小曼与徐志摩的爱情可谓轰轰烈烈，一段背弃道义的爱情，一场争取自由的战斗，小曼与徐志摩的爱情终究得以修成正果。他们的挣扎与努力，所有人都看在眼里。虽然他们的爱情得不到世人的认可，但是他们的努力让别人再也无法阻拦他们的婚姻。最后不论是愿意还是抗拒，最终还是承认了他们的婚姻。

　　徐志摩带给小曼辉煌的前半生，翁瑞午送给小曼温暖的晚年。这两个男人给了小曼他们此生的爱情，小曼的一生也是幸运的。大家闺秀，父母的掌上明珠，嫁给王赓这样的男人，赢得徐志摩的爱情，得到翁瑞午的疼爱，她的一切还是令人艳羡。不是每个女人都有勇气和机会选择那样的另类的人生。

　　翁瑞午与徐志摩都走在了小曼前面，她的后事可谓凄凉。翁瑞午走后，小曼一个人孤独地生活。她的一生就像是梦，酸甜苦辣，样样味道都让她尝遍了。小曼没有生儿育女，孤苦伶仃，形单影只，出门一个人，进门一个人，真是海一般深的凄凉和孤独。

　　没有生儿育女成为小曼这一生的遗憾，她与王赓没有儿女，小曼是庆幸的，不然，她与志摩也不会走到一起。孩子是女人一生的牵挂，要是她与王赓有一儿半女，他们的婚姻或许不会结束。也许因为孩子的降临，小曼的性格也会有所收敛成为一个贤妻良母，她的命运也会是另外一种光景。

小曼与徐志摩恩爱一场，最终还是没有像正常夫妻一样，生儿育女。她与徐志摩结婚的时候，身体已经开始不好了，加上最后还染上了大烟，身体就更加不好了。直到徐志摩去世小曼都没有戒掉鸦片，所以他们到最后也没有孩子。这也是徐志摩一生中最大的遗憾，徐志摩一直都希望他与小曼能有一个孩子。小曼就说不是已经有干女儿了吗？徐志摩就没有办法再与她争辩。

关于这个问题，小曼更是痛心疾首。不能生育，这是一个女人最大的不幸，也是老天给小曼开的一个最伤人的玩笑。小曼的后事是那么凄凉，没有人不心酸。所有爱她的和她爱的人都已经离她远去，就只剩下一个表妹陪她走到了最后。弥留之际，她才感受到凄凉，她开始理解所有女人忍辱负重想要得到的天伦之乐，是多么温暖。年轻的时候没有感觉，只有迟暮之年才能体会到亲人的意义，家庭的重要。

陆小曼去世时，上无片瓦，下无寸土，无儿无女，无牵无挂。她说自己什么刺激、柔情都享受过了，生离死别尝过了，酸甜苦辣也尝过了，心碎心痛也尝过了，她说自己不枉活了一生。她虽然悲叹自己一生凄苦，可许多女人还不知怎样羡慕她呢。从另一个角度看，她应该知足，她应该微笑着离开这个世界。那个年代多少女人一辈子身不由己，从来没有享受过幸福与爱情的滋味。

但小曼又是那个年代经历了太多的女子，在很少人离婚的20世纪，她惊天动地地离婚；年纪轻轻守了寡；几十年与一个不是丈夫的人生活在一起，她的一生确实是不平静的。不论是被欣赏也好，谩骂也罢，她这一生都是跟随着自己的意愿生活。

小曼要到地府去了，她的3个男人已经先她而去了，现在她也要追随他们去了，丢弃人间的恩恩爱爱、是是非非和众说纷纭。人生一世，没有任何东西可以带走，包括自己的感情。错与对，一切的一切只有留给后人来评断。

假如不是因为爱，她或许也没有什么过错。她是一个热情善良的女人，她是璀璨的明珠，男人心中的皇后。她的悲剧又是什么原因造成的？是因为她的任性、随心所欲，还是因为她没有扮演好传统女性角色？是因为她想得到无止境的自由与幸福？她终究被人诟骂。活着时，她不被世人原谅，成为女人中的反面教材。

她的生活极尽奢华，她要世上一切好的东西：名牌的服装、宽敞的住宅、社交的享受、热烈的爱情、忠诚的朋友、不受约束的自由。她想要的或许太多了，所以她是一个贪心的女人。这也是她人生悲剧的源头，一个人不能有太多的欲望。

小曼离开了这个世界，带着她的惊艳与传奇永远地离开了。徐志摩是她此生的爱人，他的生命却是那样短暂，现在小曼要追随他去了。

肉体飘零了，灵魂却可以获得永恒的自由。徐志摩与小曼在天堂可以享受真正的自由，没有任何牵绊，幸福地生活在一起……

后记：花开荼蘼，叶落彼岸

一个转身，一次回眸，一声轻叹。大家闺秀，淑女名媛，这个女人成就了太多的惊艳和传奇。酸甜苦辣，她看尽了人间百态，世事沧桑。每个女人都是一本书，一首诗。她们绚烂美丽，就像流星划过天空留下的一道弧线。

陆小曼，陆家的千金小姐，民国时期才女，诗人徐志摩的妻子，洋场浪子翁瑞午难以割舍的知己。这个女人一生得到三个男人彻底的爱情，她将等待留给了王赓，与小曼离婚后，王赓并未再娶；她把一生的爱情都奉献给了徐志摩，后半生她努力成为志摩理想中的人；她将此生的陪伴留给了翁瑞午，她与翁瑞午相伴30余年，不离不弃。

舞池中翩翩起舞，一个华丽的旋转，徐志摩的心停留在她身上，直到死亡的那一刻。小曼与徐志摩的爱情可谓轰轰烈烈，他们不顾世人的唾骂、亲人朋友的劝阻毅然走在了一起。他们带着对爱情美好的憧憬和期盼，相爱容易相守难，他们一起对抗命运，走过寒冬，却没有迎来想要的春天。

南北奔忙的徐志摩遭遇事故，英年早逝。小曼悲痛欲绝，素服加身，闭门谢客，潜心钻研绘画与作诗。她用自己的残生整理徐志摩留下的诗，这是她最后能为自己爱人做的事情。泪水和自责将小曼的世界淹没，刻骨铭心的思念每天都在折磨着她，人间地狱也不过如此。

她是一个极尽奢华的女人，锦衣玉食的生活，她过惯了，名牌衣服、宽敞的住宅、上流社会所享受的一切，她都不曾错过。最后，跟着翁瑞午抽起了鸦片，黑白颠倒的奢靡生活。她，从来都是这样潇洒地生活，直到徐志摩走后，她才开始改变自己。

她那多病多痛的身，一生都以药炉为伴，到最后更是没有一天完全舒服的时候。疾病一直纠缠着她，开始抽鸦片也是为了减轻疾病的疼痛。与小曼这样的女人在一起，一定要有雄厚的财力，王赓一直没有在金钱上让小曼有任何的不痛快。徐志摩与翁瑞午也是尽自己所能供养小曼。金钱是名媛生活不可缺少的一部分。

陆小曼，她前半生大放异彩，成为引人注目的人物。后半生极尽孤苦，没有一儿半女是她一生的悲哀。晚景凄凉，翁瑞午去世后，小曼老无所依，她深深地体会到家庭以及儿女的重要性，不过为时已晚，她注定只能孤单地离开，独自踏上黄泉路。

死后，她想与徐志摩合葬的心愿没有达成，徐志摩的儿子徐积锴不容许她安葬在硖石。这是小曼一生最大的遗憾，没有儿女的她，注定后事一片凄凉。

孤孤单单地离开，奢华的生活，美艳的容貌，一切都已经成为过往，什么也带不走。留给世人的，唯有一代才女的美名，画笔下的美景。

这个女子敢爱敢恨，重情重义，给我们留下了一段段故事。不论是对是错都不再重要，我们看见的只有这个女人不平凡的一生。我们祝福这个惊艳的女子，能够得到灵魂的自由，在天际，幸福地生活。

图书在版编目（CIP）数据

无所谓，无所畏：陆小曼传 / 艾平著 . -- 北京：
中国华侨出版社 , 2019.10（2020.9 重印）

ISBN 978-7-5113-7978-8

Ⅰ . ①无… Ⅱ . ①艾… Ⅲ . ①陆小曼（1903-1965）
– 传记 Ⅳ . ① K825.6

中国版本图书馆 CIP 数据核字（2019）第 185548 号

无所谓，无所畏：陆小曼传

著　者：艾平
责任编辑：刘雪涛
封面设计：冬　凡
文字编辑：宋　嫒
美术编辑：张　诚　刘欣梅
经　销：新华书店
开　本：880mm×1230mm　1/32　印张：7　字数：170 千字
印　刷：三河市华成印务有限公司
版　次：2020 年 8 月第 1 版　2021 年 9 月第 3 次印刷
书　号：ISBN 978-7-5113-7978-8
定　价：38.00 元

中国华侨出版社　北京市朝阳区西坝河东里 77 号楼底商 5 号　邮编：100028
法律顾问：陈鹰律师事务所
发 行 部：（010）88893001　　传　真：（010）62707370
网　址：www.oveaschin.com　　E－mail：oveaschin@sina.com

如果发现印装质量问题，影响阅读，请与印刷厂联系调换。